Gary Paulsen

Freiheit ohne Grenzen

SERIE PIPER

Zu diesem Buch

Was bleibt zu tun, wenn man fast sechzig ist und der Arzt einem Herzprobleme bescheinigt hat? »Jetzt erst recht«, sagt sich Gary Paulsen und verwirklicht einen großen Jugendtraum: Er kauft sich eine Harley-Davidson und macht die langersehnte Tour quer durch die USA – von New Mexico nach Alaska. Die Fahrt über die Highways wird für ihn zugleich eine Reise von der Gegenwart in die Vergangenheit, an den Meilensteinen eines ereignisreichen Lebens entlang. Er erzählt von Begegnungen am Straßenrand, von gefährlichen Situationen und von beeindruckenden Landschaften. Er erinnert sich an Segeltörns und an Hundeschlittenrennen durch Alaska, an jugendliche Einbruchsversuche und an Pokerpartien, und er denkt immer wieder nach: über Freiheit und über Einsamkeit. Ein wunderbares Buch für alle, die ihre Träume auch leben wollen.

Gary Paulsen, geboren 1938, zählt mit seinen in zwanzig Sprachen übersetzten Romanen und Erzählungen zu den erfolgreichsten Kinder- und Jugendbuchautoren der USA. Auf deutsch liegen von ihm unter anderem vor: »Das Camp«, »Foxman«, »Allein in der Wildnis« und »Iditarod. Das härteste Hundeschlittenrennen der Welt«. Gary Paulsen lebt auf einem Segelboot vor der kalifornischen Küste.

Gary Paulsen
Freiheit ohne Grenzen

Mit der Harley durch die USA

Aus dem Amerikanischen von
Ulrike Wasel und Klaus Timmermann

Piper München Zürich

Von Gary Paulsen liegt in der Serie Piper außerdem vor:
Iditarod (2910)

Deutsche Erstausgabe
1. Auflage Mai 2001
2. Auflage April 2002

Titel der amerikanischen Originalausgabe:
»Zero to Sixty«, Harcourt Brace & Company, New York 1997

Umschlag: Büro Hamburg
Stefanie Oberbeck, Isabel Bünermann
Foto Umschlagvorderseite: Eagle Rider Motorcycle Rental, Hawthorne, CA
Foto Umschlagrückseite: Ruth Wright Paulsen
Gesamtherstellung: Clausen & Bosse, Leck
Printed in Germany ISBN 3-492-23306-6

www.piper.de

Vorwort

Ich weiß genau, wann der Keim zu diesem Buch gelegt wurde.

Ich war von einem Törn nach Mexiko zurückgekehrt und brachte gerade mein altes Segelboot in Schuß, weil ich anschließend den Pazifik durchsegeln und das Kap Horn umrunden wollte. Und ich war allein, als mein siebenundfünfzigster Geburtstag mich überraschte.

Die Arbeit auf einem Boot gibt einem eine unerklärliche, beinahe weihevolle Befriedigung, und ich ging völlig darin auf. Ich verlegte einen Großteil der Stromkabel neu und baute ein Breitbandfunkgerät und einen zweiten preiswerten Tiefenmesser ein, justierte das Ruder, zog Püttinge und Bolzen wieder fest, tauschte den *verdammten* alten Kombüsenherd (ich hab mir geschworen, das Ding niemals zu erwähnen, ohne dabei zu fluchen) gegen einen neuen aus, machte die Takelage klar, baute den neuen Motor ein ... die endlose Palette von Arbeiten, die auf einem Boot anfallen. Ich war konzentriert bei der Sache, ein absolutes Muß bei einem Boot, vergaß Beruf, Familie und alles um mich herum. Tagelang arbeitete ich, als würde ich nicht das Boot, sondern meinen Körper reparieren, was ich in gewisser Weise wohl auch tat – Boote sind nun mal eine Art Verlängerung des Seglers. Ich war in meine Arbeit versunken, dreckig, ölverschmiert und einfach wunderbar versunken, und hatte alles andere vergessen, als mein Geburtstag kam.

Ich hasse Geburtstage – hab sie schon immer gehaßt –, weil sie die Lebenszeit messen, das Ablaufen der Lebensuhr, ohne auch nur im geringsten die Qualität des jeweiligen Lebens zu berücksichtigen. Oberflächlich messen sie die Zeit bis zum nahenden Tod, die sich nicht anhalten läßt. Normalerweise ignoriere ich Geburtstage, aber es gibt immer Leute, die einem Karten schicken oder anrufen, und so wurde mir mein siebenundfünfzigster Geburtstag von einem Freund gebracht, während ich allein auf dem Boot war (das aufgrund der Reparaturarbeiten einer Schrotthalde glich), und ich hatte keine andere Wahl, als mich dem verdammten Jahrestag zu stellen.

Ich lebe als Mann in einer Zeit, in der es anachronistisch geworden ist, ein richtiger Mann zu sein.

Es ist mein siebenundfünfzigster Geburtstag, und ich bin herzkrank. Ich bin noch nicht daran gestorben, und zu meiner großen Überraschung bin ich sogar zwei Jahre älter, als Kolumbus es war, als er starb. Zweiundzwanzig Jahre älter als Mozart bei seinem Tod.

Ich habe mehr erreicht, als ich je für möglich gehalten hätte. Und wenn man die Ecken und Kanten meines Lebens berücksichtigt, auf jeden Fall mehr, als ich verdient habe. Meine Kinder haben das College abgeschlossen und stehen im Berufsleben, meine Frau ist gut abgesichert, und dennoch …

Und dennoch.

Sollte das alles gewesen sein? Ein beunruhigender Gedanke, wie eine rauhe Sattelnaht, die unaufhörlich scheuert, bis man wund ist, und selbst dann noch da ist und auch weiterhin bleibt …

Es gab mal eine Zeit, in der ich zufrieden war. Nicht ganz und gar, und auch nur kurz, aber zumindest zufrieden genug, um mich einzurichten, mich zu akzeptieren, innerhalb bestimmter Vorgaben zu leben – schauderhaft. Dann veränderten sich die Vorgaben, und durch diese Veränderung erfuhr ich eine fundamentale Wahrheit über mich selbst, sah eine Schwäche, die gleichzeitig eine Stärke war.

Dort, in dem Chaos des Bootes, hatte ich eine stille Erleuchtung und beschloß, dieses Buch über eine Fahrt zu schreiben, die ich mit einer Harley-Davidson unternahm und die mein Leben veränderte.

Und hier ist das Ergebnis.

Auf der Schaluppe Felicity
am Kai von Ventura,
Kalifornien

1

ES FING NICHT MIT HARLEYS AN.

Es begann nicht mal mit einem Motorrad.

Als erstes hatte ich ein Fahrrad, an dessen Gabel ich Spielkarten mit Wäscheklammern befestigte, damit sie ratterten, wenn sie an die Speichen kamen. Wenn man den Black Hill im Süden der Stadt hinunterfuhr, wurde man so schnell, daß die Karten schnurrten und surrten wie ein Motor.

Dann kam eine Whizzer.

Mit gerade mal sechzehn Jahren hatte ich in einem Sommer in der Kleinstadt Waseca im Süden von Minnesota einen Job in einer Tiefkühlgemüsefabrik der Firma Birdseye, wo ich sage und schreibe einen Dollar und fünf Cents die Stunde verdiente.

Leider fand ich in Waseca keine Unterkunft, und da ich sechshundertfünfzig Kilometer entfernt wohnte, konnte ich in Mankato bei einem Freund auf einer Couch im Keller schlafen, stand jeden Tag um vier Uhr morgens auf und trampte die knapp dreißig Kilometer nach Waseca. Wenn sich das strapaziös anhört, so sollte ich erwähnen, daß ich im Sommer davor auf einer Farm gearbeitet hatte – sechzehn bis achtzehn Stunden täglich, sieben Tage die Woche –, und zwar für zwei Dollar am Tag plus eine Schüssel Maisbrei zum Frühstück, eine Schüssel Maisbrei zu Mittag und eine

Schüssel Maisbrei mit einem Klecks Schmalz drin zu Abend.

Gemessen daran waren ein Dollar fünf pro Stunde, zweiundvierzig Dollar die Woche, der Lohn eines Arbeiters, eine schwindelerregende Summe. Hundertachtundsechzig Dollar im Monat für – und das war das Erstaunlichste von allem – nur acht Stunden am Tag und mit freien Wochenenden. Das war, als würden mir acht oder zehn Stunden am Tag geschenkt.

Das tägliche Trampen zur Arbeit ließ allerdings zu wünschen übrig. Entweder nahm mich gleich jemand mit, und ich war Stunden vor Schichtbeginn da, oder es nahm mich lange keiner mit, und ich trudelte mit Verspätung ein. Mein Vorarbeiter war ein netter Kerl, doch als ich in der ersten Woche das dritte Mal zu spät kam, nahm er mich zur Brust.

»Du brauchst ein Fahrzeug – ein Auto.«

»Ich kann mir kein Auto leisten«, erwiderte ich, »geschweige denn den Sprit.«

Er dachte nach. »Du wohnst in Mankato?«

Ich nickte.

»Fast fünfzig Kilometer ...«

»Ich könnte zu Fuß gehen«, sagte ich. Ich hatte Panik, daß er mich vielleicht rausschmeißen würde. Ich hätte alles getan, um den Job zu behalten. »Wenn ich mich ranhalte, könnte ich jede Strecke in sechs Stunden schaffen – dann hätte ich immer noch fast sechs Stunden zum Schlafen ...«

»Nein – paß mal auf. Ich habe eine alte Whizzer, die verkauf ich dir für zehn Piepen. Die fährt prima, bringt gut und gerne dreißig Kilometer Spitze und braucht knapp über zwei Liter auf hundert Kilometer.«

»Eine Whizzer?«

»Ja – kennst du doch bestimmt, so ein Moped. Du trittst

in die Pedale, damit das Ding in Fahrt kommt, schaltest den Motor ein, und ab geht die Post ...«

Das war der Beginn meiner großen Liebe zu zweirädrigen Motorfahrzeugen – auf einem Gefährt, das aussah wie ein Fahrrad mit dicken Reifen, mit einem Ein-Zylinder-Motor und einem Keilriemen, der zum Hinterrad führte.

Er hatte die Whizzer in seiner Garage. Die Reifen waren platt, aber sie hielten die Luft, nachdem wir sie aufgepumpt hatten. Er holte eine Ersatzzündkerze und einen neuen Keilriemen von einem verstaubten Regal, füllte den Tank (»Sie braucht ein Öl-Benzin-Gemisch im Verhältnis zwanzig zu eins: bei weniger fliegt sie in die Luft, bei mehr verrußt die Zündkerze«), und ich strampelte los. Als ich auf einem freien Stück war, zog ich den kleinen Kupplungshebel und ließ den Keilriemen einrasten.

Die Whizzer ruckelte und blieb stehen.

»Den Choke ziehen«, schrie er hinter mir her. »Den Choke ziehen, bis sie furzt, dann loslassen, und sie springt an ...«

Ich hatte keine Ahnung, wie sich ein »furzender« Whizzer-Motor anhörte, aber ich zog den Choke, trat in die Pedale – und würgte sie ab. Sie sollte sich als das launischste Vehikel erweisen, das ich je besessen habe (zog ich den Choke zu lange, soff sie ab, zog ich den Choke nicht lange genug, sprang sie erst gar nicht an), aber ich sollte sie schließlich über alles lieben.

Drei Kilometer lang strampelte ich, würgte sie ab und fluchte, ohne daß das Gefährt einen »Furz« von sich gegeben hätte. Ich wollte schon aufgeben, als sie mit einem mächtigen Knall, begleitet von blauem Qualm, Auspuffdreck und Flammen, endlich einen »Furz« ließ, ein paarmal schnaufte, kurz zögerte und dann tuckernd ansprang.

Am Lenker war ein Gashebel, den der Vorarbeiter nachträglich montiert hatte, und ich, in meinem jugendlichen Ungestüm und mit dem entsprechenden Sachverstand, zog so fest daran, wie es nur ging.

Wir machten nicht gerade einen Satz nach vorn, doch je mehr das Tucker-tucker-brumm-tucker-tucker an Tempo zulegte und zu einem beruhigenden Surren wurde, desto schneller wurden wir: zehn, zwölf, fünfzehn Stundenkilometer, tuckernd und rülpsend kamen wir sogar auf knapp dreißig Kilometer die Stunde – ein Komet mit Speichenrädern vor einer blauen Rauchwolke, auf dem Weg nach Mankato. Endlich war ich mobil.

Es war ein herrlicher Sommer.

Die Whizzer sprang jedesmal an – wenn auch widerwillig und nicht ohne ein gehöriges Maß an Zickigkeit. Ob Regen oder Wind, sie brachte mich zur Arbeit und zum Leben, und zwar ohne zu klagen, es sei denn, sie brauchte eine neue Zündkerze oder es ging bergauf. Bei allem, was steiler war als eine Parkplatzauffahrt, fing der Keilriemen an zu rutschen, und sie blieb stehen. Ich mußte dann trampeln, um ihr auf die Sprünge zu helfen.

Ich arbeitete am Fließband, wo die Packungen herauskamen – hundertachtzig die Minute. Zehn davon zog ich jeweils auf ein Blech, das ich dann in Richtung Gefriergeräte schob. Die Packungen strömten aus der Maschine, ich zog zehn zu mir, dann weitere zehn und noch mal zehn, und zog und zog, bis es wie von selbst lief und ich Zeit hatte, mich umzuschauen. Ich hatte natürlich Judy entdeckt – wer nicht?

Judy war schon älter – volle dreißig – und hatte eine Scheidung hinter sich. Daher war sie »erfahren«, »kannte sich aus« und stellte somit das Objekt zahlloser Phantasien und Träume dar. Sie arbeitete am Fülltrichter, der tonnenweise Maiskörner und geschälte Erbsen ausstieß, die dann in die Packungen gefüllt wurden, um darin schockgefrostet zu werden. Doch Judy in einem T-Shirt arbeiten zu sehen, das im Nu schweißnaß war und ihr am Körper klebte, sie jeden Tag zu sehen und sie dann eines Tages dabei zu ertappen, wie sie mich beobachtete, das war etwas anderes. Schließlich sprach sie mich mittags im Pausenraum an.

»Du bist doch der Kleine mit dem komischen Bike, nicht?«

Ich machte mich größer und breiter und sagte: »So klein nun auch wieder nicht.«

»Hmm ...« Sie musterte mich mit unverhohlener Skepsis.

Ich wollte, ich könnte im nachhinein sagen, daß alle meine Phantasien wahr wurden. Ich würde gern erzählen, daß sie mich mit zu sich nach Hause nahm und wir miteinander schliefen und sie mir alles zeigte, wonach es einen noch völlig unerfahrenen Sechzehnjährigen gelüstet und was er sich erträumt. Daß ich ihre Brüste berührte, daß wir Zungenküsse austauschten, daß sie mich berührte und daß die Erde bebte – aber das wäre nicht wahr. Kein Wort davon. Doch manchmal spielt das, was wirklich passiert, keine Rolle. Manchmal wird das zur Wahrheit, was man glaubt, sich wünscht oder sich erträumt, und das Warten wird wichtiger als die Wirklichkeit.

In Wirklichkeit wurden wir mit der Zeit Freunde. In Wirklichkeit nahm sie mich tatsächlich mit zu sich nach Hause – wenn auch nicht am ersten Abend –, bekochte mich und stellte mich ihrem kleinen Sohn Robert vor. Sie sagte, daß sie mich, wenn ich älter wäre, gern auf eine andere Art und Weise kennenlernen würde, so, wie ich es mir in meiner Phantasie ausmalte, aber da ich nun mal nicht älter war, wollte sie mich als Freund, und genau das wurde ich für sie.

Wir gingen am Fluß in der Nähe der Stadt picknicken, und ich spielte mit Robert, und sie erzählte mir von ihrer Ehe und woran sie gescheitert war. Meine Phantasien legten sich – na ja, fast alle –, und ich lernte eine neue Art von Freundschaft kennen, rein und offen.

Und das war auch gut so, denn es dauerte nicht lange, ehe sie eine neue Beziehung hatte, mit einem Mann namens Carl, der beim Wartungstrupp arbeitete, und ich lernte in Mankato ein Mädchen kennen. Rosalia war fünfzehn, und ich begegnete ihr zu Hause bei meinem Freund. Sie ging mit mir ins Kino und dann noch einmal, und danach war die Sache offiziell, und zu meiner großen Verblüffung hatte ich auf einmal eine Freundin.

Fortan lief es wie folgt: Ich riß meine Schicht bei Birdseye ab, unterhielt mich ein wenig mit Judy und sprang dann auf die Whizzer und öffnete das Drosselventil bis zum Anschlag. In Mankato traf ich mich mit Rosalia, schlief ein paar Stunden, stieg wieder auf die Whizzer und fuhr in einem Strom aus blauem Zweiradqualm wieder nach Waseca, und mein Leben ging weiter. Judy verblaßte, bis der Traum wichtiger als die Realität war, und ich glaubte – hoffte –, die Dinge getan zu haben, die ich in Wirklichkeit nicht getan hatte. Auch Rosalia verblaßte, bis ich mich praktisch nur noch an dichtes, kurzes, schwarzes Haar und ein dunkles Brillengestell erinnern konnte.

An das Moped dagegen kann mich genau erinnern. Haarklein. Ein blauer Benzintank, verbeult und zerkratzt von meinen Stürzen, die kleinen Zündkerzen der Marke Champion, der rutschende Keilriemen, das Eiern des Vorderrads, das Quietschen der Bremse, das leicht verbogene rechte Pedal, das Schutzblech mit seinen Rostflecken, die beiden fehlenden Speichen am Hinterrad und die eine am Vorderrad und die wunderbare Leichtigkeit, mit der sie am Straßenrand entlangbrauste.

Die Whizzer.

NOCH IMMER KEINE HARLEY.

Nein – zu viele andere Dinge waren im Weg. Ein ganzes Leben kam dazwischen.

Die Armee. Harte Sergeants, harte Worte – das Heer mit Jeeps, Panzern und Raketen, Krach, Qualm, mit Männern, die man mochte, und Männern, die man verabscheute, mit Männern, die am Leben blieben, und Männer, die starben, eben die Armee.

Die Ehe – eine Ehe, die sich im Heimaturlaub abspielte und in der ich lernte, wie wenig man voneinander weiß –, aber noch immer keine Harley.

Andere Motorräder kamen. Maschinen zum Lernen, Maschinen zum Üben. Eine kleine Honda 150, eine Straßenmaschine mit einer Betriebsanleitung, die von jemandem übersetzt worden war, der nicht so recht Englisch konnte: »Um vom Motorrad die Zündkerze zu bekommen, ist ein Schlüssel notwendig, der zu eben dem Zweck gedacht ist ...« Vorn ein klapperndes, asiatisch aussehendes eckiges Schutzblech, eine nach hinten gebogene große Windschutzscheibe – und fünfundneunzig Kilometer Spitze, selbst im freien Fall. Ein Witz von Motorrad, das nur ein paar Monate hielt, bis zur neuen Honda 305 Super Hawk mit schmalem Rennlenker.

Ein ganz ordentliches Tempo, wenn auch nicht übermäßig schnell, wobei die Maschine wegen der Konstruktion und des schmalen Lenkers instabil war, aber immerhin ein ganz ordentliches Tempo. Als der Auspufftopf abkam und das Auspuffrohr abgesägt und getuned wurde, war das Tempo noch besser. Aber immer ohne Helm – damals trug keiner einen – und obwohl es ein paar grausige Unfälle gab, fand man sich auf irgendeine seltsame Art damit ab. Jimmy Tort starb, als er auf Schotter geriet und stürzte, sich den Kopf wie ein Ei aufschlug. So sagte man damals, so sagten *wir* damals: »Hat sich den Kopf aufgeschlagen wie ein Ei.« Er hatte keinen Helm getragen. Carl Kantine starb, als er sich zu tief in die Kurve legte und mit der Fußraste auf den Boden kam. Schlug sich den Kopf auf wie ein Ei.

Eine gute Art zu sterben, sagten wir und meinten es idiotischerweise ernst. Wir waren zu jung, um zu begreifen, zu ignorant und zu bescheuert, um zu wissen, daß es keine gute Art zu sterben gibt, um zu wissen, daß Sterben das absolute Aus bedeutet.

Dann eine englische Maschine, ein Klassiker, eine Triumph 650, so wunderschön, daß es fast zu schade war, sie zu fahren. Dann eine Norton, eine BSA und eine Matchless, eine schöner als die andere und alle ziemlich unzuverlässig, alle mit Lucas-Elektrik, bis heute als der Fürst der Dunkelheit bekannt, weil die Elektroteile irgendwann versagten.

Aber sie sind mir noch alle im Gedächtnis. Die Armee vergessen, oder so gut wie, und auch die Ehefrauen, die zu Exfrauen wurden. Jobs, die mit Raketen, Satelliten und Waffen zu tun hatten und damals sehr wichtig schienen, aber im Grunde albern waren. Lächelnde Lippen und große Augen – alles vergessen, alles inzwischen verschwommen, alles Bestandteile der Vergangenheit, aber nicht die Maschinen, nicht die Bikes.

Die eine war rot und die andere schwarz, und der Elektrodenabstand betrug 0.010 oder 0.012 oder 0.009 in. und das Ventilspiel 0.007 in., und die Reifen waren Pirellis oder Dunlops, und das beste Kettenöl war (damals) STP. Damit die Vibration bei hohem Tempo aufhörte, machte man dieses, und um nicht ins Schleudern zu geraten, machte man jenes, und man wußte, wie viele Schrauben man brauchte, damit der Scheinwerferring an einer Norton nicht abfiel, und wie stark eine Kette gespannt sein mußte und wann man an den jeweiligen Maschinen einen Ölwechsel vornahm. Niemals Motorrad, immer Maschine. Alle unvergessen, alle noch im Gedächtnis, bis ins kleinste Detail – und fast alles andere vergessen.

So manche Katastrophen. Nördlich von Hollywood fuhr ein großer Schwarzer auf einer Harley einem Laster frontal zwischen die Scheinwerfer. Beide fuhren wohl an die hundertzehn, und man konnte hinterher unmöglich sagen, wo der Motorradfahrer aufhörte und der Laster anfing. Eine gute Art zu sterben …

Ein großer Weißer, der bestimmt hundertvierzig drauf hatte, verlor die Kontrolle über seine Maschine, als er mich in einer Tunneleinfahrt auf einer abschüssigen Strecke überholte, so schnell, daß er von der Straße hochschoß, gegen die Tunneldecke prallte und wieder hinunterflog, zweimal, und regelrecht in Stücke gerissen wurde, so daß man nicht mehr feststellen konnte, welcher Teil wo landete. Eine gute Art zu sterben …

Ich kollidierte mit einem Hund, flog über den Lenker und brach mir den Arm. Glatter Bruch. Ich sagte dem Arzt, er solle mir den verdammten Arm ohne Schmerzmittel richten, weil ich spüren wollte, wie das war. Ich wurde auf der Stelle ohnmächtig, als die Knochen knirschten, und kam erst wieder zu mir, als mir eine Krankenschwester gerade einen Gipsverband anlegte …

Ich brach mir das Bein, als ich mich mit der BSA hinlegte, um einem parkenden Wagen auszuweichen. Glatter Bruch. Brach mir das Handgelenk, brach mir den Fuß, scheuerte mir bei Stürzen die Haut am Asphalt auf. Beerdigte Skeeter und Willy und Double Dick (der mit zwei Frauen gleichzeitig zusammenlebte) – eine gute Art zu sterben.

Noch immer keine Harley.

Doch auch das war mein Leben: Bücher und Ehen und Kinder und Jobs, bettelarme Jahre, und trotzdem immer wieder Maschinen. Kawasaki Zweitakter, satte 222 den Berg runter, um einem Schneesturm zu entkommen, 222 mit einer Frau hintendrauf. Das war vor den tödlichen Spendermaschinen, die so genannt wurden, weil sie so viele junge Männer töteten, deren Organe gespendet wurden; diese Maschine war ein Vorläufer von ihnen.

Dann kam eine Ducati 250, eine Geländemaschine, zu einer Zeit, in der ich weder ein Auto noch ein Zuhause noch einen Job hatte. Ich lebte sozusagen auf der Maschine, kampierte und sah mir das Land an, schaute den Leuten zu und trank eine Menge. Zu der Zeit fing ich mit dem Schreiben an, und ich las »Meine Reise mit Charley« von Steinbeck – sein schlechtestes Buch oder fast das schlechteste –, weil ich dachte, genau das müsse man tun, wenn man schreiben will: reisen und mit Menschen reden. Ich wußte damals nicht, daß man Reisebücher schrieb, wenn einem sonst nichts mehr einfiel.

Aber die Ducati war eine Verräterin, eine scheußliche Abweichung von der normalen Schönheit italienischer Maschinen, und ich ließ sie tot in einem Straßengraben liegen und trampte in die nächste Stadt und kaufte mir eine Busfahrkarte – wer hätte gedacht, daß ich mir eines Tages Flugtickets würde leisten können? Ließ das Bike zurück und nahm den Bus, suchte mir wieder Arbeit und versuchte, nachts zu schreiben, diese Plackerei, die einfach nicht hinhaute und einfach kein Ende fand.

Später versuchte ich, bei Schriftstellerworkshops einen Teil des Traumes, den es nie gab, den es nicht gibt, all den Leuten dort zu vermitteln, die schreiben wollten, oder besser gesagt »geschrieben haben« wollten. Die die guten Seiten (oder was sie dafür hielten) wollten, aber von den schlechten nichts wissen wollten. Die keine Ahnung hatten, daß man gerade die schlechten Seiten braucht: die Ablehnung und die Unsicherheit, die blanke Angst, wieder zu scheitern, wieder und wieder. Die nicht wußten, daß die schlechten Seiten der Motor sind, der das Schreiben voranbringt. Ein Freund, der lange Zeit gute Sachen schrieb und viele Bücher herausbrachte, hat einmal das, was diese Leute wollten, als Softieschreiben bezeichnet, Schreiben light, Ersatzschreiben, Ruhestandsschreiben, Ich-werde-eines-Tages-ein-Buch-Schreiben.

Ich war da, um es ihnen zu liefern, um sie zu streicheln und zu belügen und meinen Hundert-Dollar-Scheck einzustecken (allerdings mußte ich Benzin und Essen selbst bezahlen, und ich schlief im Wagen, was normalerweise umsonst war), um ein weiteres Stück von der schwindenden Integrität zu verlieren, die mir noch geblieben war.

Wir – meine jetzige Frau Ruth und ich – waren sehr arm, lebten von dem, was im Garten wuchs, und vom Fallenstellen und Jagen. Ich hatte zwar erste Erfolge mit meiner Schriftstellerei, aber wir hatten kaum Geld. Die paar Bücher, die ich verkaufte, setzten mir den Floh ins Ohr, daß ich eine Chance hatte, den Durchbruch zu schaffen. Inzwischen war ich ein erwachsener Mann (oder tat zumindest so, als ob) von Ende Dreißig. Ich wußte, ich mußte mehr lernen – reisen und auf Tagungen sprechen, studieren und zu Workshops gehen –, aber die Aussicht, an das nötige Geld dafür zu kommen, war gleich Null. Also legte ich mir einen alten Chevy Chevette zu – kaum mehr als ein Skateboard –, baute hinten ein Bett ein und fuhr los.

Es war ein seltsames Leben – irgendwo zwischen einem waschechten Freak und einem Vagabund der Landstraße. Ich lernte viel, aber schon bald fühlte ich mich verloren, entrechtet. Wenn ich Glück hatte, war ich drei oder vier Tage im Monat zu Hause, und über kurz oder lang war es für mich normaler, auf der Straße zu leben als zu Hause. Ich hatte das Gefühl, meine Seele zu verlieren – immer weniger Schriftsteller und immer mehr Darsteller zu werden –, und ich hatte begonnen, dem Applaus zu lauschen, und mochte ihn schließlich. Ich widerstand der Verlockung, so gut ich konnte, aber ich spürte, wie mir mein altes Leben entglitt – Wälder und Jagd, Narben vom Alkohol, alte Autos reparieren und irgendwie immer am Rande von dem zu leben, was ich gerade tat – all das entglitt mir.

Es ist schon sehr merkwürdig, was einen Mann rettet.

Ich hatte einen Freund, der ein so hoffnungsloser Alkoholiker war, daß er sich umbringen wollte. Er hatte den Lauf der .357 schon im Mund, den Hahn gespannt und den Abzug bis zum Anschlag gedrückt, als er sah, wie eine Spinne ihr Netz webte, und sie plötzlich so interessiert beobachtete, daß er völlig vergaß, warum er sich umbringen wollte. Ein anderer Freund, ein Soldat, war nachts in Korea auf Patrouille und überlebte nur deshalb, weil die chinesischen Soldaten rohen Knoblauch gegessen hatten und er roch, daß sie kamen, und sich rechtzeitig verstecken konnte.

ALS ICH NACH MANKATO FUHR, war am Ortseingang ein Harley-Händler, und dieser Händler war für mich mit Sicherheit genau die Rettung, wie eine Spinne oder Knoblauch es hätten sein können.

Ich fuhr rechts ran und parkte, stellte den Motor des Chevette ab und saß da und schaute auf die Maschinen. Zwei standen draußen – eine rote Dresser mit Seitenwagen und eine Softail, und ich sah die Maschinen an und ließ mich treiben.

Weg.

Denn genau das bedeuteten sie für mich. Keinen Zielpunkt, keinen Ausgangspunkt, sondern einfach weg. Verschwunden. In mich hinein und aus mir heraus, weg von dem, was ich zu werden drohte, und ich stieg aus dem Wagen und ging zu der Softail und setzte mich drauf und ließ sie mit mir reden.

»Gefällt sie Ihnen?« Der Händler kam nach draußen.

Ich nickte. »Was könnte einem daran nicht gefallen? Ist schließlich eine Harley.«

»Die ist gebraucht«, sagte er. »Erst vier Monate alt. Der Besitzer hatte einen Herzinfarkt, und seine bessere Hälfte will die Maschine loswerden. Ich kann Ihnen einen guten Preis machen ...«

Eine Sekunde lang, dann noch eine, ließ ich sie in meinem Kopf fahren. Laß die Maschine an, sagte der Gedanke. Laß die Maschine an und laß sie fahren. Fahr einfach los. Laß den Chevette zurück, laß alles zurück. Fahr.

Eine Sekunde lang. Ein reiner Gedanke. Ein klarer Gedanke. Laß sie an und fahr los. Blick niemals zurück. Komm nie zweimal an denselben Ort. Nur der Wind und die Sonne und der Motor zwischen deinen Beinen. Klischee. Das reinste Klischee.

Fahr los.

Dann schüttelte ich den Kopf. »Ich hab eine Frau, einen Sohn. Ich muß arbeiten.«

Er lächelte. »Sie können doch trotzdem ein Bike haben.«

»Nein.« Ich dachte daran, wo ich in Gedanken gewesen war. Die verlassenen, einsamen Landstraßen, die Sonne vor mir, nichts hinter mir. »Nein, es geht nicht. Jetzt nicht.«

»Ah«, sagte er. »Verstehe ...«

Und ich glaube, daß er es verstand. In seinen Augen lag Mitleid, und ich ließ es einen Moment lang über mich hinwegspülen, und hätte ich es damals gewußt, hätte ich damals gewußt, wie lange es dauern sollte, bis ich endlich Harleys fahren und mich mit ihnen auskennen würde, hätte ich es getan. Ich wäre losgefahren.

Aber ich war jung und dachte sehr kleingeistig, und ich begriff nicht, was es für eine Falle war, erkannte nicht, daß ich mir meine einengende und lähmende Gefangenschaft gänzlich selbst zuzuschreiben hatte und daß ich die Falle am Zuschnappen hätte hindern können, damals, genau in dem Moment, und daß ich frei gewesen wäre.

Aber der Gedanke war da, der Traum. Ich wandte mich von der Freiheit ab, um sie erst mit sechsundfünfzig Jahren wiederzusehen, und da wäre es fast zu spät gewesen. Vielleicht ist es sogar zu spät. Aber das Verlangen war da, und jetzt eile ich, jage ich dahin, und ich werde erst wissen, ob es zu spät ist, wenn ich tot bin.

Das Leben ging weiter. Der Sohn wuchs, die Ehe wuchs, die Falle wuchs. Ich baute ein Haus und stellte fest – wieso war ich überrascht? –, daß Thoreau recht hat. Wenn ein Mann eine Scheune baut, wird die Scheune sein Gefängnis.

Ich schloß die Türen meines eigenes Gefängnisses selbst, baute ein Haus und gründete eine Familie. Um kein Mißverständnis aufkommen zu lassen: Ich habe die vielleicht beste Familie, die ein Mann haben kann. Eine Frau, die mich versteht und sich nicht beklagt, einen Sohn, der keine Drogen genommen hat und nicht durchgedreht und genauso geworden ist, wie ich es mir von einem Sohn erhoffen konnte.

Aber ich baute ein Haus und mußte es dann instand halten, ich gründete eine Familie und mußte dann die Familie ernähren, ich ergriff einen Beruf und mußte dann meine Karriere aufbauen, wie man sein Haus aufbaut, Stück für Stück, und ich dachte und denke heute noch, daß es gut und richtig war, all das zu tun.

Mein Gefängnis war auch nicht so schlimm, wie es häufig der Fall ist. Ich saß nicht in einem fensterlosen Büro oder mußte mir Sachen anhören, die ich nicht hören wollte. Ich arbeitete zu Hause, tat das, was ich gern tat, und nichts davon gibt mir Anlaß zur Klage, und zu meinem größten und anhaltenden Erstaunen – und ich kann es noch immer nicht fassen – hatte ich einigermaßen Erfolg.

Und dafür bin ich dankbar.

Und außerdem bin ich nicht so eingesperrt gewesen wie die meisten Männer in ihrem Gefängnis. Ich habe in den Wäldern gelebt und Fallen aufgestellt und zweimal den Iditarod, das Hundeschlittenrennen, bewältigt – ja, ich habe über dreißigtausend Kilometer auf Hundeschlitten zurückgelegt. Ich habe gejagt, wenn ich wollte, und gefischt, wenn ich wollte, ich habe Poker gespielt, wenn ich wollte, und mit Packpferden lange Wanderungen unternommen, wenn ich wollte. Und in etlichen Situationen habe ich zu einigen Dingen und Menschen tatsächlich nein gesagt, als es nicht klug war, nein zu sagen; als alle um mich herum mir rieten, ja zu sagen, weil es, wie sie meinten, zu meinem Besten wäre – da habe ich nein gesagt. *Damals.*

Ich habe bisher so viel Glück gehabt und scheinbar so ungebunden gelebt, daß viele, die mich kennen oder von mir wissen, mich um meine, wie sie es nennen, »Freiheit« beneiden.

Zugegeben, ich mußte nie in einer Bank arbeiten oder Anwalt werden, und weiß Gott, ich habe schließlich nach außen hin über so einiges verfügt, was viele Freiheit nennen.

Und dennoch.

Und dennoch …

Ich war nie wirklich ungebunden. Ich machte an der Kette einen Sprung nach vorn und streckte sie, zerrte mit aller Kraft daran, aber ich konnte sie nicht sprengen. Immer riß sie mich wieder zurück, bis ich an ihrem Ende hin- und hertigerte wie eine Katze im Käfig – meine eigene Kette, mein eigener Käfig –, bis ich genügend Atem, genügend Kraft oder Mut geschöpft oder aber Verzweiflung, was auch immer ich brauchte, gesammelt hatte und erneut Anlauf nahm. Ich lief los, zog, bis ich wieder am Ende angelangt war, und wieder und wieder …

Aber ungebunden war ich nie.

Nie freie Fahrt.

Immer nur das Gefühl davon, immer nur den Vorgeschmack.

Nur Freiheit light.

Nie die restlos freie Fahrt.

Nie die Harley.

JAHRE SPÄTER wieder ein Harley-Verkäufer, einer, der anders war als andere Verkäufer. Keine zungenfertige Falschheit, keine karierte Hose, kein weißer Gürtel, kein Festiger im Haar und auch keine manikürten Hände. Er war dreckig, mit Schmierfett unter den Nägeln, hatte einen Vollbart und so gut wie keine Haare auf dem Kopf, Schwielen an den Händen und Narben vom Asphalt an einem Arm, ein von Wind und Sonne gegerbtes Gesicht und ein paar fehlende Zähne. Arme und Handrücken waren tätowiert und sein Körper vermutlich auch, obwohl alles bedeckt war von einem T-Shirt, auf dem das orangefarbene Logo und in großen weißen Lettern »Harley-Davidson« prangten.

Er war selbst gefahren.

Der Ausstellungsraum war voll von Harleys. Da standen bestimmt acht oder neun neue und sieben oder acht gebrauchte.

»Ich will«, sagte ich, »ein Bike kaufen.«

Er wußte vielleicht, was es mich gekostet hatte, um an diesen Punkt in meinem Leben zu gelangen. Das ganze gelebte Leben, all die falschen, all die richtigen Dinge, die Narben und nicht verheilten Wunden; die Beinahe-Scheidung, die ich damit heraufbeschwor. Viele, vielleicht die meisten Männer, die hierherkamen, hatten das gleiche durchgemacht, um an diesen Punkt zu gelangen. Er blickte mich gelassen an, lächelte leicht, verständnisvoll, wartete.

»Ich will«, berichtigte ich, »eine Harley kaufen.« Dumm und einfach und direkt, alles zusammen. Natürlich »wollte« ich seit Jahren, seit Jahrzehnten eine Harley kaufen. Was ich eigentlich meinte, war, daß ich *jetzt* eine Harley kaufen *würde*. Ich war an diesen Punkt gelangt, hatte ihn erreicht.

Der Verkäufer nickte. Er saß an einem Metallschreibtisch, der aussah, als stammte er aus ausrangierten Armeebeständen. Eins von diesen grauen Dingern mit weicher Schreibunterlage. Er stand auf, lächelte, daß die Zähne aufblitzten, bis auf die fehlenden. »Da sind Sie hier genau richtig.«

Jetzt zeigte sich, daß ich keine Ahnung hatte. Da standen viele verschiedene Modelle: Softails, Softail Customs, Dressers, Sportsters, Heritages, Strokers, Shovelheads, Fat Boys,

Springers, um nur einige zu nennen. Daß ich hier hereinspaziert kam und sagte, ich wollte eine Maschine kaufen, ohne zu sagen, was für eine Maschine ich wollte, war so, als würde ich auf eine Speisekarte zeigen und sagen: Bringen Sie mir was zu essen.

Ich deutete auf eine rote Maschine, glänzendes Chrom und so wunderschön, daß es mir den Atem verschlug. »Was ist mit der?«

Er nickte wieder. »Wunderschöne Maschine«, sagte er. »Eine Fat Boy. Nagelneu.«

»Wie teuer?«

»Die ist verkauft.«

»Oh.« Ich zeigte auf eine türkisgrüne mit weißen Zierleisten und schwarzen Satteltaschen. »Und die da?«

Wieder ein Nicken. »Tolle Maschine. Softail Custom.«

»Wieviel?«

»Ist auch verkauft.«

»Oh. Die schwarze daneben?«

»Verkauft.«

Ich drehte mich zu ihm um. »Mal anders gefragt. Welche neuen Maschinen sind noch nicht verkauft?«

Er schüttelte den Kopf. »Keine. Alle neuen Bikes sind verkauft und warten darauf, von ihren Besitzern abgeholt zu werden. Wenn Sie eine *neue* Maschine wollen, müssen Sie sie bestellen und warten, bis sie geliefert wird.«

Tja, dachte ich, was soll's. Zwei Wochen, einen Monat. Ich wartete schon mein ganzes Leben – auf einen Monat länger kam es auch nicht mehr an. »Gut. Dann bestelle ich so eine wie die grüne da.«

Er nickte. »Gute Entscheidung. Die Softail Customs. Nehmen Sie Platz, und ich mache den Vertrag fertig, während Sie sich aus den Prospekten eine Farbe aussuchen.«

Er reichte mir ein paar Prospekte mit schönen Farbabbildungen, und ich zeigte auf eines der Fotos. »Diese Farbe.«

Er nickte und schrieb weiter. »Können Sie sich ausweisen?«

Ich gab ihm meinen Führerschein, und er schrieb die Informationen auf das Formular.

»Wie bezahlen Sie?«

»Wie teuer ist sie?«

»Sechzehntausendfünfhundert Dollar.«

Ich zuckte innerlich zusammen, aber ich hatte gewußt, daß sie teurer sein würde als andere Motorräder, und ich hatte schon im voraus mit der Bank gesprochen. »Bar«, sagte ich. »Bankkredit.«

»Gut, gut. Also, inklusive Steuern und Lieferung kommt sie auf knapp über siebzehntausendzweihundert Dollar.«

Ich nannte ihm den Namen der Bank, und er schrieb ihn auf einen Zettel. »Wie lange«, fragte ich, »dauert es, bis ich die Maschine habe?«

Er schielte nachdenklich zur Decke. »Es dauert ein paar Tage, um mit der Bank abzuklären, daß die Zahlung okay geht, und dann schicke ich die Bestellung los. Natürlich können wir sie faxen, das geht dann schneller ... sagen wir, knapp drei Jahre.«

»Drei *Jahre*?«

»Na ja, vielleicht etwas länger oder kürzer. Im Moment scheint es so lange zu dauern. Natürlich kann sich das in einem Jahr oder so wieder ändern. Aber neue Maschinen haben zwischen zwei und drei Jahren Lieferzeit. Wieso, ist das zu lange?«

Ich dachte, er würde scherzen, aber er lächelte nicht, und er hatte aufgehört zu schreiben.

»Ich bin sechsundfünfzig.«

Er nickte. »Die meisten von uns sind so alt. Junge Leute können sich normalerweise keine Harley leisten. Ich bin selbst gerade fünfundfünfzig geworden ...«

»Ich bin herzkrank. Es ist gut möglich, daß ich in drei Jahren nicht mehr lebe.«

Er legte seinen Stift hin und sagte, ohne mit der Wimper zu zucken: »Dann nehmen Sie doch eine gebrauchte Maschine.«

Ich musterte ihn einen Moment lang, doch er scherzte nach wie vor nicht. »Na schön – haben Sie *gebrauchte* Maschinen anzubieten?«

»Ja, klar.« Er stand vom Schreibtisch auf und blickte auf alle Bikes im Raum, schüttelte dann den Kopf.

»Nein, ich nehme alles zurück. Es sind keine da ...«

»Keine einzige?«

Er sah sich noch einmal um. »Nein. Tut mir leid. Ach, Moment. Wir haben heute morgen eine reingekriegt. Die wird hinten in der Werkstatt aufgemöbelt, aber ich glaube, die ist auch schon verkauft.«

Er ging zu einer Tür mit der Aufschrift »Personal« im hinteren Teil des Ausstellungsraumes und winkte mir, ihm zu folgen. »Sie steht hier hinten.«

Ich ging durch die Tür und kam in einen kleinen Werkstattbereich. Zerlegte, radlose Harleys standen aufgebockt im Raum herum, mehr oder weniger repariert. An der Hintertür stand auf einem erhöhten Bock eine Heritage Softail in Blau und mit Chrom. Sie hatte Speichenräder, Ledersatteltaschen mit Nieten, Trittbretter mit Gummiauflage und einen Sturzbügel, eine kleine Windschutzscheibe und Nebelscheinwerfer.

»Die hier.« Der Verkäufer blieb daneben stehen. »Aber wie ich schon sagte, die ist bestimmt verkauft.«

Sie sah neu aus, und ein Blick auf den Tacho verriet mir, daß sie erst achtzig Meilen gelaufen war. »Sie ist nicht mal eingefahren.«

»Nein. Der Typ hat sie gekauft, und seine bessere Hälfte wollte, daß er sie zurückbringt.«

»Pantoffelheld«, sagte eine Stimme von unten auf der anderen Seite der Maschine. Ich beugte mich vor und entdeckte einen ölverschmierten Mechaniker. Er sah aus wie ein in Altöl getränkter Gartenzwerg, und ich sah, daß ihm zwei Finger fehlten. Mir fiel auf, daß auch den beiden anderen Mechanikern Finger fehlten, und dann mußte ich daran denken, wie ich mal eine kurze Zeit Geländerennen gefahren war; viele von der Boxcrew waren alte Biker, denen der eine oder andere Finger fehlte. Berufsrisiko. »Wartet drei Jahre auf so eine Maschine, und dann kriegt er von seiner Alten eins aufs Dach und bringt sie zurück. Himmelherrgott.«

»Manche Männer brauchen das«, sagte der Verkäufer. »Anders sind sie nicht lebensfähig ...«

»Die Maschine«, sagte ich, um das Gespräch wieder auf das eigentliche Thema zu bringen. »Sind Sie sicher, daß die verkauft ist?«

»Ja ja, ich denke doch.«

»Das Geschäft ist geplatzt.« Der Mechaniker blickte wieder auf. »Hat die Mäuse nicht zusammengekriegt.«

»Ich kaufe sie.« Es war raus, bevor ich überlegen konnte. Ich konnte den Satz nicht aufhalten. Jahrelanges, frustriertes Warten stieß ihn hervor. »Sofort.«

»Ich weiß nicht, was der Boß dafür haben will.«

»Dann finden Sie's raus.« Er ging, doch ich blieb bei der Maschine, bis er zurückkam.

»Neunzehn«, sagte er. »Neunzehntausend plus Steuer und Zulassung.«

»Ich nickte. »Abgemacht.« Und dann dachte ich an die Farm, die wir gekauft hatten, als wir in den Norden zogen, um in den Wäldern zu leben und Hundeschlittentouren zu machen; unser erstes Eigentum, die ganze Farm, zweiunddreißig Hektar und Gebäude, kosteten weniger als dieses Motorrad. Wir lebten damals von zweitausend Dollar im Jahr und von soviel Biber- und Wildfleisch, wie wir essen konnten. Wir hätten gut zehn Jahre von dem Geld leben können, das diese Harley kostete. »Sagen Sie ihm, ich bin einverstanden. Ich kaufe sie. Wann ist sie startklar?«

»Halbe Stunde«, sagte der Mechaniker, lächelnd wie ein Betrunkener, der einen Saufkumpanen gefunden hat. »Muß sie bloß durchchecken.«

»Kommen Sie mit nach vorn, wir machen die Papiere fertig. Sie brauchen auch noch Zubehör.«

»Zubehör?« Ich ging mit. »Was für Zubehör?«

»Einen Helm. Wir haben hier Helmpflicht. Haben Sie einen Helm?«

»Nein.«

»Haben Sie eine Jacke?«

Ich schüttelte den Kopf. Ein Teil von mir rebellierte jetzt. Ich wollte zwar die Harley, aber irgendwas in mir schreckte von dem ganzen Schnickschnack zurück. »Wir haben Hochsommer.«

»Eine Jacke ist nützlich, falls sie die Maschine mal hinlegen müssen. Dann verlieren Sie nicht soviel Haut.«

»Aha.« Ich wußte es da noch nicht, aber innerhalb eines Jahres sollte ich sie dreimal »hinlegen« müssen, und alle drei Male sollte ich heilfroh sein, daß der Verkäufer mich davon überzeugte, eine dicke Lederjacke zu kaufen und zu tragen, auch wenn es warm war. »Ich kaufe die Jacke.«

»Und eine Motorradbrille.«

»Eine Motorradbrille?« Herrgott noch mal, dachte ich, da seh ich ja aus wie eine Witzfigur. Neue Lederjacke, Helm, Motorradbrille. Fehlte nur noch der Seidenschal. »Ich wollte eigentlich eine Sonnenbrille tragen.«

Er nickte. »Tagsüber. Aber wenn sie abends fahren, brauchen sie eine klare Motorradbrille – es sei denn, Sie tragen eine Sicherheitsbrille. Ein Vetter von mir war mal nachts ohne Brille unterwegs, und bei hundertzehn Stundenkilometern kam eine Biene über die Windschutzscheibe und hat ihm ihren verdammten Stachel so durchs Auge gebohrt, daß er ihm fast hinten aus dem Kopf wieder rausgekommen wäre …«

»Ich nehme die Brille.«

»Handschuhe?«

»Handschuhe brauch ich nicht.« Ich würde das aus tiefstem Herzen bereuen, noch bevor ich zu Hause ankam. Bei fast hundert Stundenkilometern war ein Grashüpfer, der gegen die Knöchel prallte, wie eine Kugel – bevor er zerplatzte und die Hand mit seinen Innereien beschmierte.

Wie sich herausstellte, hatte das Geschäft einen Haken – etwas, das die Bank als »Lappalie, wirklich nur ein kleiner Schönheitsfehler« bezeichnete. Es ging um meine Kreditwürdigkeit, weil ich früher mal verklagt und verurteilt worden war und weil Schriftsteller im allgemeinen nicht als die besten Kreditnehmer gelten.

Wir fanden eine Lösung, indem ich der Bank zusicherte, meine Raten, was immer auch in meinen *restlichen* Lebensjahren passieren würde, als erstes zu bezahlen, doch das Hin und Her dauerte fast drei Stunden, und es war kurz vor Geschäftsschluß, fast acht Uhr, als endlich alles unter Dach und Fach war und ich vor der Maschine stand.

Meine Maschine.

Meine Harley.

Der Mechaniker hatte sie nach vorn vor den Laden gebracht, nachdem er sie durchgecheckt, einen Ölwechsel gemacht und den Tank aufgefüllt hatte.

»Sie stecken den Schlüssel hier rein«, sagte der Verkäufer zu mir, »in das Zündschloß am Tachometer, und drehen ihn. Der Startknopf ist am rechten Griff. Der Choke ist hier.« Er deutete auf einen kleinen Schalter unten zwischen den Zylindern auf der linken Seite. »Sie braucht am Anfang ein bißchen Choke, auch bei heißem Wetter. Nur auf den ersten paar Kilometern, bis sie etwas warmgelaufen ist« – ich dachte an die Whizzer –, »aber dann läuft sie schön rund, und wenn Sie sie warm starten, brauchen Sie den Choke überhaupt nicht.«

Er zeigte mir das alles, aber er ließ den Motor nicht an, setzte sich auch nicht drauf. Hier ging es um ein Ethos, das ich noch nicht kannte. Man setzte sich nicht auf die Maschine eines anderen, wenn man nicht die Erlaubnis dazu hatte, und man ließ den Motor nur an, wenn es einem gestattet wurde.

»Sind Sie schon mal Motorrad gefahren?«

Ich nickte. »Schon immer. Aber noch nie eine Harley.«

»Kein Problem. Sie haben sich schon verliebt, bevor sie hier vom Gelände runter sind. Denken Sie bloß immer an das Gewicht. Harleys sind niedrig und robust, aber sie sind schwer. Lassen Sie den Motor die Arbeit machen – und das Gleichgewicht.«

Dann drehte er sich um und fuhr – ziemlich prosaisch, dachte ich – in einem kleinen Honda Civic davon. Der Chef kam heraus – er hatte kein Wort mit mir gesprochen und nickte mir auch jetzt nur zu – und fuhr in einem Toyota-Pick-up davon, und jetzt war ich ganz allein.

Der Mechaniker hatte mir gezeigt, wie man den Benzinhahn aufdrehte und auf Reserve stellte, wenn der Sprit knapp wurde, und ich drehte ihn jetzt auf. Ich steckte die Papiere und einen Satz Werkzeug, den ich gekauft hatte – für fünfundvierzig Dollar Werkzeug im Wert von zwölf Dollar –, in die linke Satteltasche, setzte den Helm auf und bestieg das Motorrad.

Es war seltsam, aber irgendwie fühlte ich mich ganz. Die Harley war wie eine Erweiterung meines Körpers, und ich wiegte mich in blauem Stahl und Leder und Chrom und saß eine Weile so da, vielleicht eine Minute, und ließ die Maschine ein Teil von mir werden. Ich weiß, wie sich das anhört, aber es stimmte. Ich lernte später Hunderte von Männern und vier Frauen kennen, die eine Harley hatten und die alle das gleiche sagten – daß die Maschine eine Erweiterung von ihnen wurde, sie eroberte, sie festhielt.

Ein verdammt langer Weg, dachte ich, der damals bei den Spielkarten anfing, die ich mit Wäscheklammern an der Gabel eines Fahrrades befestigt hatte, damit sie an den Speichen klapperten und den Klang eines Motors erzeugten. Die Spur vom ersten Klappergeräusch an den Speichen führte unweigerlich hierher, zu dieser Harley, auf der ich jetzt saß, so sicher und gerade wie ein physikalisches Gesetz.

Ich drehte den Schlüssel, griff nach unten und zog den Choke halb auf, vergewisserte mich, daß kein Gang eingelegt war, holte tief Luft, atmete halb wieder aus, wie beim Abfeuern einer M1 auf dem Schießstand. Dann berührte ich den Starterknopf mit dem Daumen.

2

ES GIBT MOMENTE, DIE DAS LEBEN VERÄNDERN.

Zum Beispiel, wenn man den Iditarod wirklich mitmacht, statt immer nur davon zu reden, dafür zu trainieren oder am Kamin zu sitzen und beim Teetrinken darüber zu faseln, wie es wäre. Wenn du die Startgerade im Zentrum von Anchorage wirklich verläßt, mit deinen Hunden vor dir, um dann zur Stadt hinaus in den Wäldern zu verschwinden. Dann am nächsten Tag, wenn die Hektik vom Start sich gelegt hat und du plötzlich allein mit den Hunden in der unermeßlichen Weite des Alaska Range bist, nur du und die Hunde und die Gipfel – dann weißt du, daß du nie mehr derselbe sein wirst.

Mit der Harley ist es genauso. Beim erstenmal mit der Harley. Der Motor sprang an, mahlte ein wenig und packte es dann, das Gurgeln wurde zu einem Grollen, das wie Musik durch die kannelierten Auspuffrohre drang. Der Klang begann in meinem Bauch oder vielleicht tiefer, arbeitete sich in mir hoch nach draußen, und ich spürte, wie die Maschine mit 1310 Kubik Kolbenverdrängung vibrierte, und im Nu, bevor ich nur einen Gedanken fassen konnte, schob ich die Maschine im Bogen nach hinten, erstaunt über ihr Gewicht, richtete sie zur Straße hin, stellte mit der Fußschaltung den ersten Gang ein und rollte langsam hinaus auf die Straße.

Da war er. Der Moment, der alles veränderte. Die Maschine hielt mich wie eine Hand, fing mich ein und nahm mich mit, so daß der Motor mein Motor zu sein schien, die Räder meine Räder. Es war einzigartig, instinktiv, wie bei keinem anderen Motorrad, das ich je gefahren hatte. In gewisser Weise brachte es mich aus mir heraus, weit aus mir heraus, in mich hinein, ins tiefste Innere dessen, was ich war, was ich brauchte, um zu leben. Und ich wußte, mein Innerstes wußte, daß ich nie mehr derselbe sein würde, nie mehr derselbe sein konnte. Ein Motorrad. Eine Ansammlung von Schrauben und Muttern und Metall und Lack, aber mehr, mehr als das. Eine Harley.

Ich beschleunigte, spürte den Tritt in den Hintern, mit einer Kraft, wie sie nur 1310 Kubik aufbringen können, und fuhr auf dem nächstbesten Highway zur Stadt hinaus. Es war mir egal, daß er nicht nach Hause führte oder irgendwohin, wo ich schon mal gewesen war, Hauptsache, er war vor dem Vorderrad, und ich zog sie auf hundert, hundertzehn hoch, und ich war unterwegs.

Auf dieser ersten Fahrt legte ich elfhundert Kilometer zurück. Am Abend suchte ich mir ein billiges Motel, rief zu Hause an und stand am nächsten Morgen früh auf. Als ich tankte, bemerkte ich, daß unten am hinteren Zylinder etwas Öl aussickerte – schließlich war es eine Harley, dachte ich –, und dann brauste ich in den Tag hinein. Kilometer für Kilometer blickte ich über die Vordergabel, ließ meinen Hintern abhärten und sich der Maschine anpassen, in Gegenden, die völlig neu für mich waren. Ein paar Berge, eine gewundene Landstraße, drei Gewitter, andere Motorradfahrer, die mir mit der langsamen Bewegung zuwinkten, wie sie für Harleyfahrer typisch ist, mit brennendem Gesicht und schmerzendem Körper, bis sich der zweite Tag dem Ende neigte, fast fünfhundert Kilometer von zu Hause entfernt. Da meinte ich zu wissen, was ich tun mußte, um diesen neuen Teil meines Lebens kennenzulernen.

Ich mußte weit fahren. Das hatte ich von den Hunden gelernt. Ob Liebe oder Arbeit, ob Lachen, Schmerz oder Haß, all das erfährt man erst, wenn man weiter geht, am Ball bleibt, bis man das erste Hochgefühl hinter sich hat, die Gebirgskette überwunden und gelernt hat, wie es wirklich ist. Die Hunde haben mich gelehrt zu warten – stets zu warten und lange Strecken zu meistern, erst dann wird man Erfahrungen sammeln, lernen.

Ich fuhr die Nacht hindurch, warmer Sommerwind über die Frontscheibe in mein Gesicht, den Helm jetzt abgenommen und an die Sissy-Bar gebunden und scheiß auf das Gesetz; den warmen Wind im Gesicht und über meinen Kopf hinweg, das Vibrieren des Motors, das durch den Rahmen geleitet wurde und gegen meinen Hintern pulsierte, und die Lichter vor mir erloschen; ich fuhr nach Hause, weil ich wußte, was ich tun würde.

Ich würde die weiteste Fahrt machen, die von mir zu Hause im Süden von New Mexico aus möglich war. Dorthin war ich gezogen, als mein Herz schlapp machte und mich zwang, die Hundeschlittentouren aufzugeben – der Umzug war für mich die einzige Möglichkeit, damit aufzuhören.

Ich stellte mir eine Karte von Nordamerika vor, während ich durch die Nacht brauste, und ich dachte, daß die weiteste Strecke, die ich zurücklegen könnte, um zu erfahren, was ich erfahren wollte, war, nach Osten führen würde und dann hinauf nach Neuschottland. Doch noch im selben Augenblick wußte ich, daß ich nicht nach Osten fahren wollte. Dort gab es zu viele Ablenkungen, zu viele Menschen, zu viele Probleme. Ich könnte nach Norden fahren.

Ich könnte nach Alaska fahren.

Vielleicht war der Gedanke immer schon dagewesen. Ich war den Alaska Highway schon zweimal gefahren, um Hunde für den Iditarod von Minnesota hochzubringen, aber beide Fahrten waren besonders schrecklich gewesen. Ich hatte die Strecke im Winter zurückgelegt, als die Straße reinstes Packeis war, ständig kamen die Sattelschlepper blind um die Kurven, und es war immer dunkel, und das einzige, was ich von der Fahrt noch in Erinnerung hatte, war die sich endlos wiederholende Prozedur, alle drei Stunden die Hunde zum Pinkeln rauszulassen, sie zu füttern und ihnen was zu trinken zu geben.

Ich hatte die Fahrt zweimal gemacht, aber ich hatte Alaska eigentlich gar nicht richtig gesehen, und schon gar nicht im Sommer, wenn es dort am schönsten sein soll.

Ich würde nach Alaska fahren und, so dachte ich, vielleicht sogar wieder zurück.

ICH MUSSTE DIE ERFAHRUNG MACHEN, daß die Absicht, eine Jungfernfahrt auf einer Harley nach Alaska und zurück zu machen, von einigen als unrealistisch, von anderen als extrem und von nicht wenigen als heller Wahnsinn eingestuft wurde.

»Man fährt nach Las Vegas«, sagte ein Biker zu mir. »Man trinkt und verspielt ein bißchen Geld und reißt eine Frau auf und fährt wieder nach Hause. Das ist eine gute Tour. Sechzehnhundert Kilometer höchstens. Achthundert hin und achthundert zurück.«

»Aber viele machen mit ihren Harleys lange Fahrten«, sagte ich. »Sie fahren an der Grenze der Vereinigten Staaten lang, nach Kanada rein ...«

Er schüttelte den Kopf. »Mit Dressers. Dressers mit allen

Schikanen oder Road Kings. Du hast eine Softail. Mann, damit macht man kurze Trips. Elfhundert bis dreizehnhundert Kilometer für die erste Fahrt reichen dicke …«

»Hab ich schon hinter mir«, sagte ich. »Gleich an den ersten zwei Tagen mit der Harley.«

Er zuckte die Achseln. »Die Eier werden dir abfallen …« Und weg war er.

Ich studierte Karten, und wie es aussah, erwarteten mich für jede Strecke siebentausendzweihundertfünfzig Kilometer. Vierzehntausendfünfhundert insgesamt. Aber ich wollte noch einen Abstecher nach Minnesota machen, was knapp über sechzehnhundert Kilometer mehr bedeutete. Alles in allem sechzehntausend Kilometer und ein paar zerquetschte.

Bei achthundert Kilometern pro Tag machte das nur zwanzig Tage. Selbst wenn man ein oder zwei Tage für eventuelle Unterbrechungen bei schlechtem Wetter oder einer Panne einrechnete, würden es höchstens zweiundzwanzig Tage werden. Zwanzig Tage hintereinander mit 1310 Kubikzentimeter, die einem den Hintern strapazieren – für manche Leute, die ich kenne, entspricht das nicht gerade ihrer Vorstellung von einem besonders entspannten Urlaub, aber der Iditarod macht es zumindest verständlicher.

Erstens verändert der Iditarod für alle, die ihn mitmachen, alles. Wer das Rennen hinter sich hat, kann einfach nicht mehr in kleinen Dimensionen denken. Zweitens ist jeder Aspekt des Iditarod so kompliziert, so umfassend, so manisch intensiv – die Hunde füttern und sich um sie kümmern, ihre Pfoten pflegen, und zwar *jede* Pfote an zwanzig Hunden (macht achtzig Pfoten), stündlich die Booties wechseln, mit der Kälte und dem Gelände fertig werden, sich ständig selbst antreiben –, daß alles, was weniger anstrengend ist, einem fast lächerlich einfach erscheint.

Du fährst die Maschine, dachte ich, und abends machst du Station in irgendeinem billigen Motel und kontrollierst das Öl, tankst, ißt einen Happen und fährst weiter. Was konnte es Einfacheres geben?

In Wahrheit glaube ich, wenn ich gewußt hätte, wie die Fahrt werden würde – der Regen, das Schlagen der Maschine gegen meinen nicht mehr ganz jungen Allerwertesten –, wäre ich vielleicht nicht gefahren. Aber Ignoranz ist eine Form von Sicherheit, wenn auch nicht unbedingt ein Segen, und nachdem ich die Maschine von einem Mechaniker hatte durchchecken lassen, der so viele Tattoos trug, daß es für ein Wandbild gereicht hätte, wenn man ihn gehäutet hätte, packte ich die Satteltaschen und kaufte mir einen billigen Regenanzug, eine Rolle Isolierband (aus meiner Hundeschlittenzeit wußte ich, daß sich mit Isolierband alles reparieren läßt), tankte die Maschine voll und war praktisch startklar, als Larry eintrudelte.

Larry war frisch pensionierter Luftwaffen-Sergeant und hatte sich zur selben Zeit wie ich eine Harley zugelegt. Wir waren uns bei dem Händler über den Weg gelaufen und kannten einander flüchtig, aber als ich ihm erzählte, ich wollte eine Fahrt nach Alaska machen, nickte er und sagte mit seinem leisen Georgia-Akzent: »Ich würde gern mitkommen …«

Bis zur letzten Minute war ich nicht sicher, ob er mitfahren würde. Viele Biker kriegten einen sehnsüchtigen Blick und schworen, sie würden mitfahren, als ich ihnen von meinem Plan erzählte, aber aus irgendwelchen Gründen konnten oder wollten sie dann doch nicht, und eine Zeitlang dachte ich, Larry würde ebenfalls einen Rückzieher machen. Doch da kam er die Zufahrt herauf und wendete, und ich ließ meinen Motor an, und wir fuhren in Richtung Norden, so unspektakulär, als wollten wir bloß zur Tankstelle an der Ecke.

3

»DU MUSST NACH DEN LINIEN SUCHEN«, sagte ein Sergeant namens Stewart immer zu mir. »Ganz gleich, ob du Fleisch schneidest oder ein Gewehr abfeuerst oder vögelst, es gibt immer Linien, die einem sagen, worauf es ankommt und was man tun soll ...«

Es hörte sich richtig gelehrt an, als er das sagte, aber damals waren wir stock-, sternhagel-, granatenvoll, befanden uns in einer Stripteasebar in Juárez, und eine nackte Lady mit einer Boa constrictor tanzte gerade auf unserem Tisch – wohl kaum der geeignete Rahmen für intellektuelle Betrachtungen.

Oder vielleicht der *einzige* Ort, um zu intellektualisieren.

Manchmal stellte ich fest, daß er mit seinen Worten recht gehabt hatte. Wenn man Wild oder Schlachttiere zerlegt, schneidet man an solchen Stellen, die so naheliegend sind, als wären Linien eingezeichnet – zum Beispiel an der Verbindung von Hinterbein und Körper. Wenn in der Arktis der Tag anbricht, bildet der Horizont eine so deutliche Linie, daß ein anderer Mitstreiter bei einem Hundeschlittenrennen mal gesagt hat, er könne die Sonne aufgehen *hören*.

Mein Problem ist, daß ich die Linien nicht immer entdekken kann; bei Musik kann es sein, daß ich an Sex denke, und bei Sex denke ich an tolle Bücher, die ich zu schreiben hoffe, und bei tollen Büchern, die ich zu schreiben hoffe, denke ich an leckere Tacos …

So unscharf und nichtlinear ist es manchmal.

So war es auch mit der Fahrt nach Alaska. Es wäre schön, wenn ich sagen könnte, es ging einzig und allein um Harleys und um Motorrad fahren und Landschaften, aber die Linien blieben nicht so deutlich, und keine zweihundert Kilometer später dachte ich an Poker.

Wir verließen den Süden von New Mexico – nicht weit vom White Sands National Monument – und fuhren nach Norden in Richtung Tucumcari. Wir durchquerten die Wüste im Süden, die voller Yucca und Salbei war, während die Sonne über unsere rechte Schulter brannte, gleißend vom Tank und Tacho reflektierte und uns blendete. Je weiter wir nach Norden vorbei an Lavabetten und kleinen Städten fuhren, die aussahen wie aus vorchristlicher Zeit, desto mehr wich das Land Hügeln mit Kiefern und gedrungenen Zedern. Wir kamen durch ein kleines Dorf mit einer Bar aus Adobeziegeln, und ich mußte an die mörderischste Pokerpartie denken, die ich je gespielt hatte: in einem Saloon in Santa Fe fünfundzwanzig Jahre zuvor, am Ende der Theke, mit vier Männern und schmierigen Karten. Einer der Männer wurde später bei einem ähnlichen Spiel getötet, und als ich davon erfuhr, ging es mir nicht besonders nahe.

Als ich mich an die Pokerpartie in Santa Fe erinnerte, mußte ich an Poker im allgemeinen denken. Das Pokern war für mich wie ein Wunder und hat mich stets in meinem Leben begleitet, und während meine Maschine nach Norden fuhr, mit sattem Sound und Larry im Rückspiegel, rollte ich mich ins Pokern ein, wie ein Hund sich in etwas einrollt, das gut riecht und sich gut anfühlt.

Kein Poker mit nur einem Cent Einsatz. Kein Strip-Poker. Kein Poker nur so zum Spaß oder um Streichhölzer oder Kronenkorken und keine netten kleinen Partien mit Fünf-oder-Zehn-Cent-Limits – die zählen eigentlich nicht, weil dir dabei nicht der Schweiß auf die Oberlippe tritt, wenn du sagst, du willst die Karten sehen, und hoffst, daß du gut bluffst, aber nicht ganz sicher bist. Risiko-Poker. Poker mit unbegrenzten Einsätzen oder Einsätzen, die so hoch sind, daß du dich auf alles in der Partie konzentrierst – und in der Partie geht es um alles.

So eine Partie habe ich zum erstenmal mit fünfzehn erlebt, als ich in North Dakota für einen Weizenfarmer arbeitete. Er war Ire und stolz darauf und trank auch mit demselben irischen Stolz. Er hatte hart gearbeitet und eine Familie gegründet und besaß viel Land in einer Gegend, wo der Boden so schwarz und fruchtbar war, daß man meint, den Mittelpunkt der Erde sehen zu können, wenn man hineinblickt. Sein Name war Roy, und er hatte über zwölfhundert Hektar von diesem Boden. Er erntete im Schnitt knapp hundertfünfzig Bushel pro Hektar, und bei dem damaligen Weizenpreis von einem Dollar fünfzig pro Bushel machte er rund zweihundertzwanzig Dollar brutto pro Hektar, vielleicht fünfzig Dollar netto mal zwölfhundert. Sechzigtausend im Jahr, und das zu einer Zeit, als ein tüchtiger Mann für fünfzig Dollar die Woche arbeitete und Lehrer mit zweitausendvierhundert im Jahr anfingen. »Ich verdiene mehr als ein verdammter Arzt«, sagte er einmal zu mir, als er betrunken war. »Mehr als *zwei* verdammte Ärzte.«

Er arbeitete so hart, daß ich dachte, es würde ihn umbringen, riß ohne weiteres zwanzig Stunden am Tag runter und verlangte von mir und seinen anderen Leuten, daß wir genauso hart schufteten wie er – wir bekamen zwei Dollar am Tag –, und wenn er trank, dann trank er richtig, und wenn er

Poker spielte, dann spielte er richtig. Partien im Stehen am Ende einer Theke, Partien, die ich später selbst spielen sollte, Partien, bei denen einem bei einem einzigen Blatt der Arsch auf Grundeis ging, Partien mit Unmengen Alkohol, Partien, die kein Erbarmen kannten.

Seine Frau schickte mich eines Abends los, ihn zu holen, weil sie dachte, er wäre bei einer anderen Frau, und ich fuhr mit dem Pick-up in die nächste Kleinstadt, wo ich ihn beim Pokern mit einem anderen Mann fand. Sie hatten ihre Ernteschecks gesetzt. Zwei Männer, sturzbetrunken, nur die Ellbogen verhinderten, daß sie umkippten, mit Tausenden von Dollar Einsatz.

Sie spielten Draw Poker, und Roy gewann – er erzählte mir später, es ging um rund zwanzigtausend Dollar –, aber er hatte im Jahr davor verloren, weil er, wie er sagte, »schneller betrunken war als er«. Er lachte und fügte hinzu: »Ich kaufe was für meine bessere Hälfte, wenn ich verliere. Letztes Jahr hat sie eine Spülmaschine namens Carmelita gekriegt.«

Vor diesem Abend hatte ich nie Poker gespielt, nie richtig dabei zugesehen, und ich war wie gebannt, völlig von dem Spiel eingenommen. Die Geldbeträge waren schwindelerregend – Zehn-, Zwanzigtausende von Dollar. Für mich damals so viel, so unfaßbar wie eine Million. Ein Blick auf den Haufen Geld und die Schecks genügte, und ich wußte, daß mehr Geld auf der Theke lag, als ich bei meinen sechzig Dollar im Monat in fünfzehn, zwanzig Jahren verdienen würde. In meinem ganzen Leben.

So was zu tun, dachte ich, so schwer arbeiten zu können wie Roy, so schwer, daß ich manchmal sah, wie er sein Essen erbrach, weil sein Magen rebellierte, so schwer zu arbeiten und dann alles auf die Theke zu legen, es zu verwetten, als wäre das nichts, auf ein einziges Blatt Karten …

Dazu wollte ich auch imstande sein. Nicht nur, um zu gewinnen. Obwohl ich jung war, wußte ich, daß man nicht immer gewann, wußte, daß man sogar meistens verlor. Aber wenn ich zu so was *imstande* wäre, dachte ich, wäre ich ein Mann; das Geld einsetzen und einem anderen Mann in die Augen zu sehen und diese sagenhaft kurzen und unglaublich konzentrierten Worte zu sagen: »Will sehen.«

Dieser Drang hat mich nie verlassen. Bis heute. Später reiste ich eine Zeitlang als Kirmeshelfer umher, und in den Wohnwagen oder hinten in irgendwelchen Zelten wurde immer Poker gespielt. Bei den meisten Partien wurde so falsch gespielt, daß es hieß, man müsse hinten im Kopf Augen haben, und sie fanden nur statt, um, wie die Kirmesleute sagten, »die Farmer« zu schröpfen, und aus ihrem Mund hörte es sich fast so an, als würden sie sagen »die Vollidioten«. Es gab literweise Bourbon, der so stark war, daß er auch zum Abbeizen von Farbe getaugt hätte. Die Kirmesleute füllten damit die Farmer ab, bis die so betrunken waren, daß die Kirmesleute ihnen gezinkte Karten geben, statt der obersten die zweite ausgeben und sie nach Strich und Faden austricksen konnten, bis die Farmer nicht mehr wußten, wo oben und unten war.

Das Resultat war abzusehen. Die Farmer verloren. Sie wurden betrunken und sahen, daß alle sie anlächelten, und sie hörten sie sagen, wie leid es ihnen tat, daß sie einfach kein Glück hatten, aber von Glück konnte keine Rede sein. Sie waren nur aus einem einzigen Grund da – um zu verlieren, und zwar so lange, bis die Kirmesleute sie völlig ausgenommen hatten. Die Partien waren nur interessant für jemanden, der Falschspielertricks lernen wollte. Das war kein Pokern mehr, sondern ein Gemetzel, und wenn man sah, wie sie die zweite Karte oder von unten ausgaben und sich zusammentaten, wie sie links und rechts von dem Gelackmeierten setzten und erhöhten, damit er schön weiter die Karten sehen wollte – wenn man das alles sah, dann gab es nicht viel zu lernen.

Doch wenn die Kirmesleute nach dem Aufbauen, bevor die Arbeit anfing, um Zehn-Cent-Münzen mit neuen Karten pokerten, dann konnte ein junger Bursche lernen, wie man richtig spielt. Ich bekam fünfunddreißig Dollar die Woche, und dafür half ich beim Aufbau des Karussells und warb Zuschauer für eine Stripperin namens Rhonda an. Von den fünfunddreißig Dollar die Woche mußte ich Kleidung, was zu essen und Zigaretten (Old Golds) bezahlen. Und Pomade, die ich mir in die Haare schmierte, damit ich sie glatt nach hinten kämmen konnte, um älter auszusehen und um Rhonda zu erweichen, damit sie aus mir einen Mann machte – aber dazu später.

Die Zehn-Cent-Partien waren fair, oder zumindest so fair, wie Poker unter Kirmesleuten sein konnte, und durch und durch hinterhältig. Sie betrogen zwar nicht – und das will was heißen, wenn man bedenkt, daß diese Männer zum großen Teil im Gefängnis gewesen waren –, aber es war ihnen egal, ob man jung und unerfahren war und keine Ahnung vom Pokern hatte. Sie waren gnadenlos. »Pokern lernt man am besten, wenn man verliert«, sagte mir einmal ein Mann aus New Orleans, der (warum, habe ich nie erfahren) Wiggy hieß. »Durch Gewinnen hat noch nie einer was gelernt.«

Und ich verlor weiß Gott. Oft nahmen sie mir den ganzen Wochenlohn ab. Keine wilden Partien. 5 und 7 Card Stud und Draw Poker. (Das war lange vor Texas Hold'em oder Omaha Poker – Spiele, die hauptsächlich für Kasinos bestimmt waren, um Poker schneller zu machen und mehr Spieler pro Tisch zuzulassen.) Ein Limit von zehn Cents hört sich heute nicht nach viel an, aber wenn man von fünfunddreißig Dollar die Woche leben mußte und bis zu drei Dollar pro Blatt setzte (bei 7 Card Stud mit Erhöhungen), hatte man nach zehn verlorenen Runden einen Wochenlohn verschleudert. Ein Blatt konnte in vier bis sechs Minuten gespielt werden, also konnte es passieren, daß der Zwanziger, der Zehner und der Fünfer, die ich um fünf Uhr bekommen hatte, schon um sechs verspielt waren.

Aber ich liebte die Anspannung in der Magengegend, die Art, wie sich die Atmung veränderte, wenn eine Karte ein Blatt komplettierte – all die Dinge, die ich zu verbergen lernte, nachdem ich meinen Lohn mehrmals so kurz hintereinander verloren hatte, daß ich anfing, besser aufzupassen. Ich wurde, wenn schon nicht vorsichtig, so doch wenigstens aufmerksamer, und ich lernte, die anderen Spieler zu beobachten, lernte, wie sie auf gute und schlechte Karten reagierten. Wie man gewann, lernte ich nicht, nur wie man langsamer verlor, so daß ich länger im Spiel blieb, und dann endlich, nachdem ich wochenlang verloren hatte, ging ich eines Nachmittags tatsächlich als Sieger hervor. Kein großer Gewinn, etwa anderthalb Dollar, aber es waren anderthalb Dollar mehr, als ich zu Beginn des Spiels bei mir gehabt hatte. Ich hatte gewonnen. Daß es nur ein einziges Mal war und das auch nur, nachdem ich Hunderte von Dollar verloren hatte, um zu diesem einen Mal zu kommen, spielte keine Rolle. Diesmal hatte ich gewonnen. Ich hatte *gewonnen.*

Ich hatte nichts übrig für Glücksspiele und habe es bis heute nicht. Bei Sportwettkämpfen, Würfelspielen oder Lotterien Geld zu setzen hat mir irgendwie nie gefallen. Ein paar Mal habe ich auf Pferde gesetzt, weil das so kompliziert war und man sich eingehend mit der Materie befassen mußte, so daß mir Pferderennen eine Zeitlang so aufregend erschienen wie Poker. Doch dann kam ich dahinter, daß viele Rennen – vielleicht sogar die meisten –, wenn nicht durch und durch manipuliert, so doch in irgendeiner Weise beeinflußt sind. Es lief darauf hinaus, die richtigen Leute, die Jockeys und die Trainer zu kennen, so daß es korrekter wäre, statt vom Wetten vielmehr vom Investieren zu sprechen. Oder von Diebstahl. Also ließ ich es sein.

Pokern ist kein Glücksspiel. Natürlich braucht man auch Glück – allerdings weit weniger, als viele Leute denken, die nicht Poker spielen –, doch bei großen Spielen, wo das Limit so hoch ist, daß man es sich nicht leisten kann zu verlieren, ist weniger Glück im Spiel, und ob man verliert oder gewinnt, hängt vom eigenen Können ab. Pokern kann in sehr hohem Maße zu einem mentalen Wettkampf werden, und bei richtig großen Partien (ohne Limit, Geld bar auf den Tisch, zehn- oder fünfzehntausend Dollar Ersteinsatz, was sich zu sechzig- bis achtzigtausend Dollar summieren kann) geht es so hart zu, daß ich schon erlebt habe, wie Männer, aber auch Frauen, sich in eine Art Schockzustand zwingen, glasige Augen, Gesicht nach unten, Hände reglos, Atmung flach, so daß weder Körper noch Blick verraten, was sie für ein Blatt haben.

Solche Spiele sind natürlich selten, aber es gibt viele Partien ohne Limit mit einem Ersteinsatz von zwei- oder dreitausend Dollar, und die Einsätze – vor allem bei Hold'em, wo acht und sogar zehn Leute mitspielen können, die bei jeder Karte erhöhen – steigen mitunter in schweißtreibende Höhen.

Nach meiner Initiation durch die Kirmesleute ließ ich meine Pokerausbildung schleifen, bis ich zwei Jahre später zur Armee ging.

Poker und das Militär sind natürlich nicht voneinander zu trennen, und die Partien waren im Verhältnis zum Monatssold groß genug, um spannend zu sein. In jeder Kaserne läßt sich ein Bettkasten mit einer Decke drüber oder ein Feldbett zum Pokertisch umfunktionieren. Es wurde ohne Unterlaß gespielt, und ich gewann und verlor etwa soviel wie bei den Kirmesleuten. In der Armee verdiente ich nur noch achtundsiebzig Dollar im Monat, und nicht selten mußte ich mir von den »Zwanzigprozentern« (Männern, die zu diesem monatlichen Wucherzinssatz Geld verliehen) was borgen, wenn ich mich auf ein Spiel mit einer Gruppe alter Infanteriesergeants einließ, die mich beäugten wie ein Wolf das Bambi. Sie spielten aggressiv, tranken Flaschenbier, weil sie den Geschmack von Dosen nicht mochten, rissen schlechte, verbitterte Witze über Offiziere (»Scheißkerle«) und Exfrauen (»Schlampen«), fluchten mit derselben Professionalität, mit der sie ein M1-Garand-Gewehr zerlegten, und benutzten ihre Obszönitäten als Mittel, als verbale Brechstange, um sich in Unterhaltungen durchzusetzen. Wenn sie sich bis auf die Unterhose auszogen – wir waren in der Wüste, und unsere Nissenhütten hatten keine Klimaanlage –, konnte man sehen, daß vielen von ihnen aus vergangenen Kämpfen unwahrscheinlich große und brutale Narben davongetragen hatten, so daß es schwer fiel, nicht darauf zu starren. Ein Mann, untersetzt, massig, mit schütterem Haar, trug die typischen Narben von Artillerie- und Granatsplittern am Oberkörper, doch in der Mitte der linken Handfläche hatte er eine Narbe, die aussah wie ein Wundmal Christi, ein Loch in der Handfläche und eins auf dem Handrücken. Sie war zu sehen, wenn er die Karten austeilte, und sie war dreieckig, und ich fragte später einen anderen Sergeant, woher sie stammte.

»Auf Saipan hatte er sein Gewehr verloren und eine Maschinenpistole leergeschossen, und ein Japse hat sich mit einem Bajonett auf ihn gestürzt. Da hat er das Bajonett mit der Hand abgefangen, es zur Seite gedrückt und den Japsen mit der anderen Hand getötet.«

»Du meine Güte. Er sieht so … so lieb aus.«

»Ist er jetzt auch. Lieb wie ein junger Hund. Trinkt und spielt Karten und landet ab und an in der Arrestzelle. Aber im Krieg ist er ein blutrünstiger Arsch. Guter Infanterist …«

Beim Pokern mit den Sergeants konnte ich einiges lernen, aber sie spielten mechanisch, als wäre es ihnen egal, ob sie gewannen oder verloren, als bräuchten sie das Spiel nur, um sich die Zeit zu vertreiben. Ich begriff die Poesie des Pokerns, seine lyrische Qualität erst, als ich mit schwarzen Soldaten spielte.

Das Militär war seit gut zehn Jahren auch für Schwarze zugänglich, und trotz einiger Probleme (die es aus irgendeinem Grund noch heute in der Navy gibt) war die Integration ausgesprochen erfolgreich, zumindest in meinen Einheiten. Hier und da gab es natürlich Störenfriede – Weiße aus dem Süden, die sich nicht anpassen konnten, ein paar Schwarze, die sich noch immer ungerecht behandelt fühlten –, aber im großen und ganzen verlief alles friedlich.

In meiner Gruppe waren vier Schwarze, und einer von ihnen – ein Mann namens Strone, Billy Strone – wurde ein guter Freund von mir. Er war einfacher Sergeant wie ich, und Glücksspiele waren seine große Leidenschaft. Er spielte nicht nur Poker, sondern setzte auf alles: Kartenspiele, Würfel, Sport. Er hätte sogar darauf gewettet, welcher von zwei Vögeln auf einer Telegrafenleitung als erster wegfliegen würde.

Aber am liebsten spielte Billy Poker, und er nahm mich

mit in die Schwarzenclubs von Juárez in Mexiko, wo echter Blues gespielt und in einem Hinterzimmer noch richtig gepokert wurde. Damals trank ich regelmäßig – vielleicht trinke ich deshalb heute nicht mehr –, doch beim Pokern rührte ich keinen Tropfen an, und so manchen Abend saß ich da und trank Bier und hörte einer Sängerin namens Henrietta zu. Sie war mindestens siebzig, hatte keine Zähne, und sie trank Whiskey aus Wassergläsern, doch sie sang so wunderbar, so gefühlvoll, während sie sich selbst auf einem schrägen Klavier begleitete, daß man die Augen schließen und sich in sie verlieben konnte.

Beim Pokern war es in gewisser Weise genauso. Es waren noch andere Weiße da, aber nicht viele – meistens nur einer oder zwei –, und daher war ich oft der einzige Weiße am Tisch. Sie waren alle Soldaten, einige schon älter, aber die meisten noch jung, und sie spielten 7 und 5 Card Stud, Draw und teilten den Einsatz häufig in hoch und niedrig ein. Die Partien waren schnell und hart, aber auf eine freundliche Art, und das ständige Gefluche – »mach schon, du Arsch, *rüber* mit der Kohle, du Arsch, Karte her, du Arsch« – wurde zu so was wie Musik, die vor sich hin plätscherte und sich gleichsam zum Blues verdichtete, so voll und sinnlich wie Henriettas Stimme.

Ich denke an all die Pokerpartien, die mir die Zeit versüßt haben, und ich kann die Augen schließen und Henrietta wieder vor mir sehen, die Stimmen hören, wie sie plätschernd und wogend die Worte zu dem Song liefern, dem Pokersong.

4

REGEN. Wir hatten Tucumcari hinter uns gelassen, als Wolken aufzogen, und schon nach vierzig Kilometern auf dem Highway 54, in nordöstlicher Richtung nach Kansas hoch, schüttete es wie aus Eimern. Es war der Sommer, in dem der Mittlere Westen von sintflutartigen Regenfällen heimgesucht wurde und der Missouri und der Mississippi über die Ufer traten, und wir fuhren mitten hinein. Wir hatten Regenanzüge, und wir zogen sie an und fuhren weiter. Das Motorrad paßte mir jetzt wie angegossen, wie ein Handschuh, und selbst im Regen war die Fahrt einfach wunderbar.

Wenn der Regen ausnahmsweise mal aufhörte, hielten wir an und zogen unsere Regensachen aus, blieben dann eine halbe Stunde später wieder stehen, um sie wieder anzuziehen, und so ging es weiter, bis wir sie schließlich anbehielten. Ich trug meine praktisch auf der ganzen Strecke.

Straßen waren gesperrt, Brücken weggespült, ganze Farmen und halbe Städte waren verschwunden, und doch wirkte jeder, den wir trafen – wir fuhren wohlgemerkt mitten durch das schlimmste Katastrophengebiet – aufgeschlossen und heiter.

»Ja, verdammt, ich hab mein Haus verloren«, sagte ein Mann an einer Tankstelle in Iowa zu mir, der gerade seinen Pick-up auftankte. Auf der Ladefläche hatte er leere Sandsäcke gestapelt. »Aber es hätte schlimmer kommen können. Das Haus können wir wieder aufbauen – ist bloß Arbeit.« Er lächelte. »So ist das nun mal, wenn man an einem Fluß lebt. In guten Jahren haben wir gute Ernten. In schlechten Jahren haben wir Überschwemmungen. Ich wünschte nur, die gottverdammten Politiker würden sich nicht dauernd einfliegen lassen, um uns zu sagen, wie schlimm es ist. Ich würde gern mal erleben, daß eines von diesen Arschlöchern mir hilft, Sandsäcke zu füllen. Ich weiß, daß es hart ist, wenn ich bis zum Hintern im Schlammwasser stehe, das muß mir nicht erst so ein Spinner im Flugzeug erzählen.«

Wir fuhren weiter durch den Regen nach Norden, legten hin und wieder eine Rast ein, wenn wir kaum noch was sehen konnten, kamen durch naßgrüne Felder, auf denen Gras und Unkraut im Wasser standen, Felder, die nicht bestellt werden konnten, weil sie für die Trecker zu naß waren. Die Motorräder liefen problemlos – nur wenn wir durch eine tiefe Pfütze fuhren und das Wasser hochspritzte, konnte es passieren, daß mein rechter Blinker von allein anging.

Ist bloß Arbeit. Er trug eine alte Latzhose, hatte schmutzige Fingernägel und einen gebeugten Rücken, der wohl nicht mehr besser werden würde. Ich vermutete, daß er so um die Vierzig war, aber er hätte genausogut sechzig sein können. Seine Augen waren verquollen, seine Kleidung verdreckt und seine Fingernägel rissig, und er sah aus, als hätte er seit einer Woche nicht geschlafen. Aber er lächelte und sagte: Ist bloß Arbeit.

Er baute wahrscheinlich Mais an, dachte ich, im Wechsel mit Sojabohnen. Der Pick-up war älter, und er hielt ihn selbst in Schuß, wie alle Maschinen auf der Farm. Er konnte einen Motor reparieren, schweißen, pflanzen, ernten, Kinder machen und sie großziehen und lächeln, wenn ein Fluß ihm das Leben schwer machte, und viele von meinen Großstadtbekannten blickten auf ihn herab, auf einen Mann seines Kalibers.

In Japan gab es früher eine besondere Klasse von Menschen, die die Drecksarbeiten erledigten – sie beseitigten tote Tiere, leerten die Aborte, entsorgten den Schmutz des täglichen Lebens. Sie wurden, soviel ich weiß, »etas« genannt. Ohne sie wäre alles zusammengebrochen, und trotzdem wurden sie verschmäht, so niedrig eingestuft wie die Unberührbaren in Indien.

Ich selbst war einmal ein »eta«, bin es in vielerlei Hinsicht immer noch, und dennoch bin ich irgendwie durch seltsame Umstände und ein wenig Geschick in etwas halbwegs Arriviertes verwandelt worden (mit Ach und Krach, denke ich häufig), und ich habe Zugang zu Bereichen gefunden, die mir früher verwehrt worden wären.

Ich kenne in Denver einen Mann namens Chuck Parsons, einen wahren Künstler, der sich ganz seiner Kunst – bei der es um Bauten und Menschen geht – verschrieben hat, und um seine Schulden zu bezahlen, arbeitete er eine Zeitlang als Müllmann, fuhr hinten auf dem Müllwagen und wuchtete die Abfalltonnen hoch. »Die Leute sehen dich nicht«, sagte er. »Du bist für sie einfach nicht vorhanden. Kann sein, daß sie den Müllwagen sehen oder ihre Mülltonne, aber sie sehen durch dich hindurch. Sie wollen gar nicht wissen, daß du existierst.«

Vor einiger Zeit saß ich zusammen mit einer jungen Frau am Flughafen; wir warteten auf einen Flug, und ein paar Soldaten kamen an uns vorbei. Auch sie waren jung – an ihren geschorenen Haaren war zu erkennen, daß sie gerade die Grundausbildung absolviert hatten –, und die Frau fragte mich, was die Männer machten.

»Das sind Soldaten«, sagte ich. »Die sind in der Armee.«

»Aber was machen sie?«

»Sie meinen, was die Armee so macht?«

»Nein, die Männer. Die Männer in der Armee. Was ist ihre Aufgabe?«

»Sie töten Menschen. Die Armee bringt ihnen bei, wie man Menschen tötet.«

»Echt?« Sie machte große Augen. »Ich hab gedacht, sie würden, na ja, den Frieden bewahren und so.«

»Das tun sie, indem sie kämpfen«, sagte ich. »Indem sie in der Lage sind, Menschen zu töten.«

»Wie?«

»Sie meinen, *wie* sie töten?«

»Ja.«

»Mit Gewehren und Granaten und Messern und mit den Händen, falls nötig. Mit Artillerie und Raketen und Bomben ...«

Sie schüttelte den Kopf und hob die Hände. »Das reicht«, sagte sie. »So genau will ich es gar nicht wissen ...«

»Aha, verstehe.« Die Soldaten waren somit auch »etas«, jemand, der die Drecksarbeit macht.

Ich frage mich, was sie wohl gesagt hätte, wenn sie gewußt hätte, daß ich Soldat gewesen und zum Töten ausgebildet worden war. Oder daß ich auf dem Bau und auf einer Farm gearbeitet und einen Pick-up gefahren und gespuckt und in den Wald geschissen hatte. Oder daß ich den Unterschied zwischen Männern und solchen, die auf sie herabblickten, von Grund auf kennengelernt hatte, als ich in den Bergen von Colorado beim Austausch von Abwasseranlagen mitarbeitete.

Colorado hatte kurz zuvor die Vorschriften für Jauchegruben von Privathäusern in den Bergen geändert, und die

Folge war, daß viele Leute – Besitzer von teuren Häusern auf zwei bis vier Hektar großen Grundstücken in vornehmen Vororten von Denver – ihre komplette Abwasseranlage austauschen mußten. Ungefähr zu dieser Zeit arbeitete ich bei einer Firma, die Faultanks für Privathäuser in den Bergen herstellte. Der Einbau von neuen Jauchebehältern ist, wenn auch keine einfache, so doch fast immer eine saubere Arbeit. Man gräbt ein Loch, setzt einen Betontank hinein, verlegt ein Abwasserrohr von dem neuen Haus zum Tank und gräbt dann eine Sickergrube, die vom Tank wegführt. In den Tank gelangen »feste« und »flüssige« Bestandteile, und die Bakterien verwandeln die »festen« in »flüssige«. Bei einer neuen Anlage hat man es ausschließlich mit frischer Erde zu tun, und die Arbeit ist nicht unangenehm.

Wenn das System jedoch ausgetauscht werden muß, befinden sich in dem Tank, der herausgezogen wird, »feste« und »flüssige« Bestandteile, und obgleich der alte Tank so trocken wie möglich gepumpt wird, bricht er häufig oder er kippt um, so daß die Reste in das Loch schwappen.

Da ich als neuer Mitarbeiter unterste Charge war, gab man mir eine Schaufel und schickte mich in das Loch, um die letzten Reste zu entfernen, bevor ein neuer Tank eingesetzt wurde. Ich habe in meinem Leben schon anstrengendere Jobs gemacht – im August in Denver Dächer geteert, bei Tiefschnee in einem Skigebiet Bäume mit der Kettensäge gefällt, Ziegel und Mörtel in einem Trog über ein Gerüst zu zwei Maurermeistern hochgeschleppt (ein denkwürdiges Erlebnis, das mich vorübergehend außer Gefecht setzte) –, doch in eine Grube voller menschlicher Fäkalien zu klettern und die Scheiße mit einer Schaufel über meinen Kopf nach draußen zu werfen, war die bislang widerlichste Arbeit.

Das allein wäre schon schlimm genug gewesen, doch wenn der alte Tank herausgezogen wurde, lag das vom Haus kommende Abwasserrohr über dem Kopf des Arbeiters in der Grube frei. Wenn wir mit der Arbeit anfingen, sagte ich vorsorglich den Leuten im Haus Bescheid und erklärte ihnen, daß ich in dem Loch arbeiten würde und daß sie doch bitte, bitte *erst* die Klospülung betätigen sollten, wenn wir ihnen sagten, daß wir fertig waren.

Umsonst. Immer unterlief irgendwem ein »Versehen« und ich kriegte die Ladung auf den Kopf. Meine Kollegen fanden das überaus komisch – schließlich war ihnen das auch schon passiert, bevor sie sich aus dem Loch hochgearbeitet hatten. »Mann, seht mal, was für eine fette Kanalforelle unser Greenhorn gefangen hat«, sagten sie, wenn mir ein Scheißhaufen, ein richtiger menschlicher Scheißhaufen, in den Nacken fiel. »Das Prachtexemplar kannst du dir in die Pfanne hauen ...«

Als mir das zum erstenmal passierte, stürmte ich mit der Schaufel bewaffnet zum Haus (meine drei Kollegen hatten Mühe, mich zurückzuhalten), und nach dem vierten Mal schlug ich eine neue Taktik ein. »Ich werde gleich in dem Loch arbeiten«, sagte ich zu den Leuten im Haus. »Wenn Sie die Klospülung benutzen, schlage ich Ihnen sämtliche Fensterscheiben Ihres Hauses ein.« Es war mein voller Ernst. Sie beschwerten sich natürlich über den ungehobelten Mann in der Grube, aber ich blieb von der Fäkaliendusche verschont. Die Entwicklung, die ich durchlief, ist, glaube ich, symptomatisch für »etas« im allgemeinen. Ich hatte als unauffälliger Arbeiter angefangen, doch als man mir etwa zum vierten Mal auf den Kopf geschissen hatte, wurde ich fies.

Das passiert bei vielen Jobs, die man tun muß. Ich hab

mal sagen hören, daß ein Maurermeister eine wunderschöne Universität bauen kann, doch sobald er fertig ist, heißt ihn keiner mehr in dem Gebäude willkommen, das er gebaut hat.

Doch von allen Jobs, die Männer und einige Frauen machen müssen, ist keiner mehr »eta« als die Arbeit eines Polizisten …

In meiner Jugend hielt ich es lange Zeit einfach nicht bei meinen Eltern zu Hause aus. Sie tranken und waren auch in mancherlei anderer Hinsicht unerträglich, und deshalb trieb ich mich auf der Straße herum und schlug mich mit meiner angeblichen Intelligenz durch. Ich war drauf und dran, in die Jugendkriminalität, wie man schon damals sagte, abzurutschen. Ich stellte Kegel auf einer Bowlingbahn auf und verkaufte Zeitungen in Kneipen, luchste Betrunkenen Geld ab und schlief im Keller des Mietshauses, in dem wir wohnten. Daß ich nicht im Gefängnis landete – wie viele Jungs, die so lebten wie ich –, verdanke ich in erster Linie einem dicken, toughen, bulligen Cop. Von ihm lernte ich außerdem vieles, was man braucht, um ein Mann zu werden.

Als ich einmal nachts in eine Garage einbrechen wollte, um ein Paar Skier zu klauen, die ich verscherbeln wollte, schnappte dieser Cop mich und preßte mich gegen eine Garagenwand im Scheinwerferlicht des Polizeiwagens. Es war in einer Kleinstadt im Norden, und er fuhr allein Streife.

»Na, du kleiner Scheißer, was hast du denn vorgehabt?«

»Nichts.«

Er riß meinen Arm, den er mir auf den Rücken gedreht hatte, so hoch, daß ich dachte, er würde brechen. »Noch mal«, sagte er. »Was hast du vorgehabt?«

»Ich wollte in die Garage einbrechen.«

»Weshalb?«

»Ich wollte da übernachten. Meine Eltern trinken und ...«

Er drückte mir den Arm wieder hoch. »Ich kenne deinen Alten. Er säuft, aber so mies ist er auch wieder nicht. Warum wolltest du einbrechen?«

»Um ein Paar Skier mitzunehmen.«

»Um ein Paar Skier zu *stehlen.*«

»Ja.«

Der Arm wurde hochgedrückt.

»Ja, *Sir.*«

Er ließ meinen Arm los, drehte mich um. »Rein in den Wagen ...« Ich wollte auf die Beifahrerseite. »Rücksitz. Du sitzt hinten, wo der Abschaum sitzt.«

Ich stieg hinten ein und saß da, beobachtete ihn durch den Maschendraht, während er sich hinter das Lenkrad klemmte und den Wagen anließ. Ich dachte, er würde mich ins Gefängnis bringen, doch er fuhr in die falsche Richtung und zur Stadt hinaus.

»Wohin fahren wir?« fragte ich, aber er antwortete nicht. Es war Mitte Januar und, wie für den Norden typisch, sehr kalt, knapp minus dreißig Grad. Der Mann war mir völlig unbekannt (so, wie ich lebte, ging ich den Cops aus dem Weg), doch er wirkte brutal, und ich hatte gehört, daß schon Leute von Cops zusammengeschlagen und einfach irgendwo draußen liegengelassen worden waren. Rund zehn Kilometer vor der Stadt wendete er, drehte beim Zurücksetzen ächzend am Lenkrad, und als der Wagen wieder Richtung Stadt zeigte, wandte er sich zu mir um.

»Raus.«

»Hier?«

»Sofort.«

»Aber dann erfrier ich.«

»Das ist mir so was von scheißegal, ob du erfrierst oder nicht. Steig aus und marschier los.«

»Wohin?«

»Zurück zur Stadt. Wenn du in Bewegung bleibst, stirbst du nicht.«

»Aber ...«

»Raus.«

Ich öffnete die Tür. Es war so kalt, daß mir die Nasenhärchen gefroren, daß mir die Luft im Halse steckenblieb und es nicht in meine Lunge schaffte. Ich zögerte, und er knurrte, kein Wort, sondern einen Befehl, und ich stieg aus.

»Geh auf der Straßenmitte bis in die Stadt zurück, und denk drüber nach, was ich mit dir mache, falls ich dich noch mal beim Klauen erwische. Ich fahre in diesem schönen, warmen Auto hinter dir her.«

Also ging ich los, und er ließ sich nicht erweichen. Ich marschierte den ganzen Weg zurück zur Stadt im Licht der Scheinwerfer, fluchte erst leise und dann lauter vor mich hin, und als ich schließlich außer Atem war, ging ich nur noch, schützte die Ohren mit den Händen – ich hatte keine Mütze – und tat letztlich, was er gesagt hatte. Ich dachte über das Klauen nach, und daß die Skier diese ganze qualvolle Strapaze nicht wert gewesen wären und daß der Cop ein Arschloch war und daß ich, wenn ich noch mal was klauen würde, besser aufpassen würde und daß der Cop ein noch größeres Arschloch war ...

Ich brauchte über zwei Stunden für den Marsch, und ich war sicher, daß mir die Ohren abgefroren waren und daß er mich in den Knast stecken würde, sobald wir zurück wären. Doch als wir wieder in der Stadt waren, in der Nähe der Getreideheber, hielt er an. »Einsteigen.«

Ich wollte auf den Rücksitz klettern.

»Nein. Vorne.«

Ich setzte mich neben ihn. Es war wunderbar warm. Er trug eine Lederjacke mit hochgeschlagenem Pelzkragen, und er hatte sie geöffnet und neigte dauernd den Kopf zur Seite, während er sprach, als würde er sich am Kragen die Ohren wärmen. Wie er so dasaß, das Schrotgewehr rechts von sich in der vertikalen Halterung, sein Gürtel und der Revolver schimmernd im Licht des Armaturenbretts, wirkte er irgendwie ... solide. Unverwundbar und solide. Wie ein großer, böser Felsen, dachte ich. Als ich ihn aus den Augenwinkeln beobachtete, fragte ich mich, wie viele Leute er wohl schon getötet hatte, denn ich hatte nicht den geringsten Zweifel, daß er welche auf dem Gewissen hatte. So, wie er aussah, schwer, selbstbewußt, stark, hart wie Stahl, mußte er einfach schon mal jemanden getötet haben.

»Stecken Sie mich ins Gefängnis?«

»Wirst du noch mal stehlen?«

»Nein.«

»Nein was?«

»Nein, Sir.«

»Dann stecke ich dich auch nicht ins Gefängnis.«

»Wohin bringen Sie mich?«

Er schwieg eine Weile, dann knurrte er: »Hast du Hunger?«

Ich zuckte die Achseln. Natürlich hatte ich Hunger wie ein Wolf. Ich ernährte mich nicht gut, und in meinem Alter hätte ich wahrscheinlich alle vier Stunden soviel wie mein Körpergewicht vertilgen können, aber ich zuckte die Achseln.

»Wann hast du zuletzt was Anständiges gegessen?«

Ich sagte nichts.

»Hab ich's mir doch gedacht.«

Er fuhr wieder ein Weilchen schweigend dahin und hielt vor einem kleinen, schmuddeligen Lokal namens Harry's Diner.

»Raus.«

Ich öffnete die Tür und stieg aus und folgte ihm ins Lokal. Ich war schon mal dort gewesen, um Zeitungen zu verkaufen, aber Jimmy, der Besitzer – ich bin nie dahintergekommen, wer Harry war – hatte mich rausgeschmissen, als er mitkriegte, wie ich einem Betrunkenen Trinkgeld abschwatzte.

»J. D.«, begrüßte Jimmy ihn. »Wie immer Hamburger mit Fritten?«

»Was denn sonst? Ohne kann ich nicht kacken …«

Die beiden anderen Gäste, ein leicht angeschickertes junges Paar – es war kurz nach zwei Uhr morgens, und die Kneipen waren schon zu – blickten auf, als J. D. »kacken« sagte, schauten aber gleich wieder wortlos nach unten, als sie sahen, wer es war.

»Hast du noch was anderes außer Hamburgern?«

»Was meinst du?« Jimmy stand am Grill. Er hatte eben eine Portion Rinderhack darauf gelegt, und es brutzelte schon fettspritzend vor sich hin.

»Was Anständiges. Du weißt schon, Fleisch, Kartoffeln. So was in der Art.«

»Für dich? Ich hab den Burger schon auf dem Grill …«

»Nicht für mich. Für den kleinen Scheißer hier. Er ist noch in der Wachstumsphase, braucht was Anständiges zwischen die Kiemen. Ich zahle.«

»Du meinst, so richtig mit Geld, oder wie bei den Hamburgern …«

»Nicht umsonst. Ich zahle. Bar.«

»Ich hab noch Kartoffeln, daraus kann ich im Handumdrehen Kartoffelpüree machen, und einen Rest von meinem Hackbraten spezial.«

»Okay.« J. D. nickte. »So was in der Art. Und tu noch ein bißchen Grünfutter rein.«

»Ich kann eine Dose grüne Bohnen aufmachen.«

Und ich bekam eine richtige Mahlzeit. Kartoffelpüree, Hackbraten und grüne Bohnen, die ich nicht ausstehen konnte, aber aus Pflichtgefühl aß, und ein großes Glas kalte Milch und ein Stück nur leicht altbackenen Apple-Pie zum Nachtisch, während J. D. und Jimmy sich über ein neues Barmädchen in der Kneipe unterhielten, die, so J. D., »einen eins a Vorbau« hatte.

»Da könntest du deinen Hut dran aufhängen«, sagte er. »Und er würde keinen Zentimeter rutschen.«

»Wo dran?« fragte ich. Mein voller Magen verlieh mir den Mut zu fragen.

»An ihren Vorbau«, sagte er.

»Was ist ein Vorbau?«

Er warf mir einen Blick zu. »Wie alt bist du eigentlich?«

»Fünfzehn.«

»Und du weißt nicht, was ein Vorbau ist?«

Ich schüttelte den Kopf.

»Ihre Brüste, Kleiner. Die Brüste einer Frau nennt man Vorbau.«

»Ach so. Hab ich noch nie gehört.«

»Du meine Güte, du mußt wirklich noch einiges lernen. Du fährst eine Weile mit Daddy J. D., und ich bring dir bei, was du wissen mußt ...«

Und so fing es an.

Ich glaube wirklich, wir wurden Freunde. Ich weiß, daß ich ihn in den nächsten zwei Jahren richtiggehend vergötterte – auch noch, als ich seine schlechten Seiten kennenlernte, und die hatte er –, und ich denke, er mochte mich auch, wenn auch eher als Maskottchen oder als Schoßhund und manchmal als Publikum.

Es war gelinde gesagt eine sehr merkwürdige Erziehung, die er mir angedeihen ließ. Bis halb elf oder elf Uhr abends stellte ich Bowling-Kegel auf – bei Freizeitspielen verdiente ich pro Aufstellen nur sieben, aber bei Wettkämpfen elf Cents, so daß ich in einer guten Woche bei Wettkämpfen auf zwölf Dollar kommen konnte – und ging dann die vier Blocks zu Harry's Diner, wo ich auf J. D. wartete. Seine Schicht ging von acht Uhr abends bis vier Uhr morgens, und um halb elf machte er Pause, um einen Happen zu essen.

Wenn er nicht gerade zu einem Einsatz gerufen wurde, kam er kurze Zeit später, und wir aßen zusammen. Nach der ersten Mahlzeit, die er mir spendiert hatte, mußte ich selbst bezahlen, aber er ließ nicht zu, daß ich Hamburger mit Fritten bestellte – was ich am liebsten getan hätte –, sondern ich mußte Kartoffelbrei und Hackbraten und grüne Bohnen essen. Ich glaube, in Jimmys Augen war ich so was wie eine Abfallverwertung, denn er wurde stets die Reste von seinem »Hackbraten spezial« bei mir los.

»Das ist das einzige anständige Essen, das du kriegst«, sagte J. D., »es sei denn, du ißt den Fraß in der Schule ...«

Ich schüttelte den Kopf. Die meiste Zeit ging ich nicht zur Schule – in der neunten Klasse hab ich ständig blaugemacht, mit dem Ergebnis, daß ich sie wiederholen mußte.

»Also, du ißt schön brav das Zeug. Sonst bleibst du dein Leben lang ein *kleiner* Scheißer. Und du willst doch bestimmt ein *großer* Scheißer werden, oder?«

Nach dem Essen – ich mußte siebzig Cents plus zehn Cents Trinkgeld für Jimmy (auf J. D.'s Anordnung) bezahlen – rülpste er, und wir gingen zu seinem Wagen und fuhren durch die Gegend.

J. D. redete und dachte wohl auch in Klischees, aber für ihn waren Klischees wertvolle Werkzeuge, sowohl fürs Leben als auch für seine Unterweisungen.

»Werd niemals wütend, sei immer die Ruhe selbst«, sagte er eines Abends zu mir, als er einen städtischen Arbeiter oder Angestellten oder Beamten in seinem Wagen anhielt, der sich einmal schriftlich beschwert hatte, daß J. D. mit den Bürgern zu hart umsprang.

»Bürger!« hatte J. D. wutschnaubend gesagt. »In meiner Schicht hab ich es nicht mit *Bürgern* zu tun, sondern mit Abschaum.«

Der Mann von der Stadt war so betrunken, daß er sich an der Fahrertür aus dem Wagen ziehen und sich mit einer Hand daran festhalten mußte, während er mit der anderen versuchte, seine Brieftasche herauszuholen.

»Bleib im Wagen«, hatte J. D. zu mir gesagt. »Duck dich, damit du nicht zu sehen bist ...«

Und ich tat wie geheißen, doch ich hob den Kopf so weit, daß ich gucken konnte. J. D. machte mit dem Mann nicht mal einen Alkoholtest. Er ging zu ihm hin und zeigte vorn auf den Wagen, und als der Mann in die Richtung sah, trat J. D. ihm die Beine weg, und er fiel hin wie ein Stein, schlug sich oben an der Tür das Kinn so tief auf, daß ihm Blut aufs Hemd floß.

»Ach, du liebes bißchen, Sie sind hingefallen«, sagte J. D., und seine Stimme klang richtig mitfühlend und besorgt. »Kommen Sie, ich helfe Ihnen auf.« Er tat es, und der Mann stand schwankend da, und J. D. zeigte nach vorn auf den Wagen, und als der Mann hinsah, brachte J. D. ihn wieder zu Fall, und wieder schlug er mit dem Kopf auf die Tür. J. D. half ihm erneut auf die Beine und lächelte dann.

»Unser werter *Bürger* hat wohl ein wenig zu tief ins Glas geschaut, um noch fahren zu können, was?« Der Mann nuschelte irgendwas, und J. D. griff an ihm vorbei und zog die Autoschlüssel ab. »Unser werter *Bürger* geht jetzt wohl am besten zu Fuß nach Hause, was? Sie können sich die Schlüssel morgen im Revier abholen.«

Dann kam J. D. zum Streifenwagen zurück, stieg ein, rückte sich die Uniform und den Revolver zurecht, und wir fuhren davon.

»Rache ist süß, spricht der Herr«, sagte er, als wir um eine Ecke bogen und er beschleunigte. »Wollen doch mal sehen, ob das Arschloch noch einmal einen Beschwerdebrief schreibt.« Er lachte. »Wer sich mit dem Stier anlegt, den nimmt er auf die Hörner ...«

Im Kern seines Wesens war er ein sehr harter Mann. Er war Soldat gewesen und verwundet worden, und obwohl er auch eine freundliche und sanfte Seite hatte (sonst hätte er sich bestimmt nicht eines in seinen Augen wertlosen Straßenjungen angenommen), war er doch im Grunde genommen ziemlich hart.

Er sprach, wie er es nannte, »Nachtrecht«. Ich sah, wie er ohne erkennbaren Grund Männer schlug – niemals Frauen, er liebte Frauen, ich meine, er liebte wirklich alle Frauen – oder sie am Handgelenk packte und ihnen den Arm auf dem Rücken so hochdrehte, daß einer von ihnen, ein Betrunkener, sich in die Hose pinkelte. Er sah etwas in ihren Augen, was ich vom Auto aus nicht sehen konnte, und das war der Auslöser dafür, daß er die Beherrschung verlor.

Aber er übte sein Recht auch mit Umsicht aus. Einmal war ich dabei, als er zu einem Einsatz gerufen wurde, weil ein Mann seine Frau mißhandelte. Der Mann war einschlägig vorbestraft, und als J. D. eintraf, zog er seine Jacke aus und legte sie der Frau um – fast die ganze Kleidung war ihr vom Körper gerissen, und sie war grün und blau geschlagen worden –, und er nahm den Mann mit in die Garage, wo er ihn mit seinem Gummiknüppel, wie er es ausdrückte, »windelweich schlug«.

Ich weiß nicht, ob sich die Situation danach auf lange Sicht besserte, aber J. D. war zufrieden, und die Frau lächelte aus ihrem verquollenen Gesicht, als er sie wieder ins Haus brachte.

Ein anderes Mal waren wir etwa zur Sperrstunde mit dem Streifenwagen unterwegs, als wir einen Mann sahen, der sich, offensichtlich sturzbetrunken, an den Häusern entlangschleppte und in einer Gasse verschwand. »Wieder so ein verlorenes Schaf aus meiner armen Nachtherde«, sagte J. D. mit einem verkniffenen Lächeln.

Wir kamen näher, und ich sah mit Entsetzen, daß es mein Vater war. Er hatte sich in die Hose gepinkelt, war so betrunken, daß er kaum von der Stelle kam, und torkelte die Gasse hinunter, wohl auf dem Weg nach Hause.

»Ach, du Scheiße.« J. D. erkannte ihn fast im selben Moment wie ich. »Tut mir leid, Kleiner.« Er wendete und fuhr davon. »Ich hätte nicht angehalten, wenn ich ihn gleich erkannt hätte …« Und in seiner Stimme lag echte Besorgnis, ohne den harten Unterton, der normalerweise darin mitschwang.

»Der kann mich kreuzweise«, sagte ich bemüht cool, aber es tat weh, ihn so zu sehen. Wir standen uns nie nahe, mein Vater und ich – ich lernte ihn erst mit sieben kennen, als ich auf die Philippinen reiste –, und er war, solange ich mich erinnern konnte, ein Trinker gewesen. Aber ich wußte, wie er gelebt hatte, und er war in meinen Augen ein Held, den meine Mutter zerstört und in den Suff getrieben hatte. (Ich wußte damals noch nicht, daß jeder für sein Unglück selbst verantwortlich ist, und lernte es erst aus eigener Erfahrung.) Er war in General Pattons Stab gewesen und hatte sich vom einfachen Soldaten zum Major hochgedient, er hatte in Afrika und Europa gekämpft und war ausgezeichnet worden, und es war erniedrigend, ihn mit vollgepinkelter Hose die Gasse hinunterwanken zu sehen. »Wenn er saufen will, ist das sein Problem, nicht meins ...«

»Manche Männer erwischt es«, sagte J. D. »Ein chinesisches Sprichwort lautet: Mann nimmt Drink, Drink nimmt Drink, Drink nimmt Mann. Manche Männer erwischt es und läßt sie nicht mehr los. Andere bleiben verschont.«

Wenn mir einer gesagt hätte, daß auch ich ein Säufer werden, dann aber dem Alkohol entsagen würde und daß ich in den letzten sieben Lebensjahren meines Vaters eine enge Beziehung zu ihm, der ebenfalls mit dem Trinken aufgehört hatte, entwickeln und in diesen sieben Jahren all das lernen würde, was er mir beibringen konnte, um ein Mann zu werden – wenn mir das einer gesagt hätte, ich hätte ihn für verrückt erklärt.

In jener Nacht zählten für mich nur der Anblick, wie mein Vater die Gasse hinunterging, und der merkwürdige weiche Ton in J. D.s Stimme.

J. D. versuchte, mir vieles beizubringen, wovon manches haften blieb. Dabei beruhte einiges auf einer John-Wayneschen Auffassung von Recht und Unrecht, die fast zu simpel war, um daran zu glauben. J. D. war ein so großer Wayne-Fan, daß es fast an Verehrung grenzte. Er sah sich alle seine Filme an, und manchmal fragte er Betrunkene: »Was würde John Wayne wohl von dir halten, wenn er dich so sähe?«

Sie antworteten selten, und wenn doch, dann war ihnen zu wünschen, daß sie auch ein John-Wayne-Fan waren, sonst wurden sie von J. D. »ein bißchen aufgemischt«, wie er es nannte.

»Ich lasse mich von niemandem beleidigen«, sagte J. D., »es sei denn, er sieht stärker aus als ich, und dann warte ich ab und knöpf mir das Arschloch später vor.«

»Die Regel ›Schlag nie eine Frau oder ein Kind‹ kennt nur eine Ausnahme: einem Kind kannst du den Hintern versohlen, wenn es das braucht, und einer Frau, wenn sie es will.«

»Frauen mögen es, wenn man ihnen den Hintern versohlt?« erinnere ich mich, gefragt zu haben, fasziniert von der Vorstellung. Ich war ein ahnungsloser, unerfahrener Teenager, mit dem die Hormone durchgingen, und alles, was mit Sex zu tun hatte, interessierte mich brennend.

»Nur die guten«, erwiderte er. »Sie mögen das, und sie mögen … egal. Dafür bist du noch zu jung.«

»Wofür?«

»Für den nächsten Schritt. Aber das lernst du noch früh genug. Ich werd mich hüten, dir solche Sachen wie Muschi lecken beizubringen.«

»*Lecken*? Sie meinen, man geht mit dem *Mund* da unten dran?«

»Das reicht für heute. Guck mal da, ist das nicht der neue Ford?«

Ich sah den Wagen nicht und eine ganze Weile auch nichts anderes, während wir herumfuhren, und ich dachte, daß Sex, richtiger Sex und nicht das, was ich dafür hielt, die widerlichste und wunderbarste Sache der Welt sein müßte.

J. D. brachte mir alles bei, was ich wissen mußte, um in seiner Welt zu überleben.

»Sorg immer dafür, offene Rechnungen zu begleichen, und wenn es bis ans Ende deines Lebens dauert.«

»Laß auf keinen Fall zu, daß so ein Arschloch, mit dem du kämpfst, auf die Beine kommt. Wenn du ihn unten hast, tritt auf ihn ein – wenn sie wieder auf die Beine kommen, kann das *gaaaanz* böse enden.«

»Pinkel nie in einen Teich, der jemand anders gehört.«

»Sorg dafür, daß du immer eine größere Knarre hast als dein Gegner – und schieß zuerst.«

»Frauen sind das Problem und nicht die Lösung – die Muschi gewinnt immer.«

»Die Sonne scheint nicht immer nur demselben Hund auf den Hintern. Wenn du lange genug wartest, kriegst du irgendwann deine Chance.«

»Wenn du treffen willst, ziel immer dreißig Zentimeter daneben.«

»Keiner kann dich je so lieben wie ein Hund.«

»Ford ist die beste Marke. Wenn du keinen Ford kriegen kannst, bring dich um. Kauf dir bloß *nie* einen Chevy.«

»Lebe hart, stirb jung und hinterlaß eine gutaussehende Leiche.«

Er lehrte mich, niemals mit dem Rücken zur Tür oder zum Fenster zu sitzen, niemals jemandem zu trauen, den man nicht liebt, und stets für mich selbst zu sorgen. Er lehrte mich alles, außer wie ich mit seinem Tod fertig werden sollte.

Ich war zwei Jahre mit J. D. zusammen. Die Schule war für mich die reinste Qual, ich versagte auf der ganzen Linie. Ich hatte kein Familienleben, keine Verabredungen mit Mädchen, ich ging weder auf Partys noch zum Tanzen. Doch die ganze Zeit über gab eine Bibliothekarin der Stadtbücherei ihr Bestes, um mir lesen und schreiben beizubringen, und J. D. gab sein Bestes, um mir das Leben beizubringen, und mit siebzehn ging ich zur Armee, weil sie für mich ein Ausweg war.

Ich war ein Jahr Soldat gewesen, hatte die Grundausbildung hinter mir und war im Raketenstützpunkt in Fort Bliss, El Paso, Texas stationiert, als ich von einem Freund einen Brief bekam, in dem stand, daß J. D. tot war.

Er hatte fast alle seine Regeln vergessen. Ein Junge hatte den Wagen seines Vaters »gestohlen« (ohne Erlaubnis genommen) und war zu einer Spritztour aufgebrochen – sauer, weil seine Freundin ihn abserviert hatte, oder wütend, weil er sich den Nagel eingerissen hatte, oder einfach nur aus einer Laune heraus. Der Vater verständigte die Polizei, und J. D. wollte gerade Feierabend machen. Der Vater war Pfarrer. Sein Sohn war immer lieb und brav gewesen. Was soll's, kann ich J. D. förmlich sagen hören, ich red mit dem kleinen Scheißer und sorge dafür, daß er wieder nach Hause zurückkehrt.

Der Vater versäumte es, den Cops zu erzählen, daß sein Sohn auch ein Großkalibergewehr mitgenommen hatte.

J. D. spürte den Jungen etwa fünfundzwanzig Kilometer westlich der Stadt auf. Es war tiefster Winter, der Wagen war von der Straße abgekommen, und der Junge stand auf der anderen Straßenseite.

Als J. D. aus seinem Wagen stieg, hob der Junge das Gewehr und schoß ihm mitten in die Brust. Wahrscheinlich war er schon tot, als er auf der Straße aufschlug, wahrscheinlich hatte er keine Zeit mehr, zu fluchen oder den jungen Burschen einen kleinen Scheißer zu nennen, wie er es sicherlich gern getan hätte, hatte keine Zeit mehr, seine eigene Waffe zu ziehen, keine Zeit, sich darüber klar zu werden, daß er gegen seine eigenen Regeln verstoßen hatte.

Tot.

Ich drehte durch. Ich bat um Urlaub, um zur Beerdigung gehen zu können. Sie hatte zwar schon stattgefunden, aber ich wollte nach Hause, um eine Möglichkeit zu finden, den jungen Burschen umzubringen. J. D. konnte sich nicht mehr selbst rächen, dachte ich, es war also an mir, das zu erledigen. J. D. war für mich wie ein Vater gewesen. Ich mußte das tun, was er mir beigebracht hatte, und den kleinen Scheißkerl umbringen. Doch ich war inzwischen verheiratet und hatte ein Kind, und ich dachte daran, was aus meiner Familie werden würde, wenn ich ins Gefängnis ging, also fuhr ich nicht nach Hause, und ich brachte ihn nicht um.

Aber ich wünschte, ich hätte es getan, und noch heute – wenn ich abends allein bin und mir bewußt wird, was ich bin und was J. D. war – noch heute wünsche ich mir, ich hätte den Scheißkerl umgebracht, und wenn er mittlerweile gestorben ist, hoffe ich, daß er einen langsamen und qualvollen Tod hatte, und wenn er noch am Leben ist, hoffe ich, daß er bald stirbt, und zwar langsam und qualvoll. Der kleine Scheißkerl.

So. Das war ich J. D. schuldig. Und vielleicht auch ein wenig mir selbst.

5

NEUES LAND. Die Motorräder liefen einfach wunderbar. Ich hatte so manche Horrorgeschichte gehört aus der Zeit, als die Firma Harley ihre Probleme hatte, da konnte es passieren, daß man unterwegs eine Maschine praktisch neu zusammenbauen mußte, aber unsere liefen – bis auf ein kleines, durch äußeren Einfluß ausgelöstes Problem an Larrys Maschine – die ganze Fahrt über absolut reibungslos. Keine der beiden Maschinen brauchte Öl, bockte oder hatte sonst irgendwelche Probleme (mehr dazu später).

Wir ließen Minnesota hinter uns und gelangten in die Prärien. In Wyoming wollten wir einen Zwischenstop einlegen und uns die Gegend um Story, wo ich mal gelebt hatte, ein bißchen ansehen.

Als wir North Dakota erreichten, hörte es für einen Tag auf zu regnen, und die Sonne kam hervor, aber es war für die Jahreszeit zu kalt und ziemlich frisch, und wir mußten uns warme Sachen anziehen. Ich hatte in Minnesota einen alten Schneeanzug aufgetrieben, wie ich ihn früher bei Hundeschlittenrennen trug, und ich zog ihn an, um ihn bis auf zwei Tage jeden Tag bis ans Ende der Fahrt zu tragen, aber selbst mit dem Anzug war mir hin und wieder kalt. Ich hatte mit herrlichem Wetter gerechnet, doch El Niño, die Götter oder ein verirrter Jetstream (sie alle wurden irgendwann dafür verantwortlich gemacht) verschworen sich, um uns kaltes und oft regnerisches Wetter zu bescheren. Vielleicht hatten wir auch einfach nur Pech.

Ich hatte mit vierzehn, fünfzehn und sechzehn hier gejobbt, und die Erinnerungen holten mich wieder ein, während wir gen Westen fuhren. Ich war von zu Hause ausgebüxt, mehrmals, und einmal arbeitete ich auf den Zuckerrübenfeldern zusammen mit illegalen mexikanischen Einwanderern. Wir dünnten Zuckerrübenpflanzen per Hand aus und erhielten siebenundzwanzig Dollar pro Hektar.

Gott, konnten die arbeiten. Ich weiß nicht, was für ein irregeleiteter Idiot das Märchen in die Welt gesetzt hat, Mexikaner seien faul, denn die Mexikaner, die ich kennengelernt habe, schufteten sich fast zu Tode. Ich war für mein Alter zwar nicht besonders groß und wuchs erst, als ich zur Armee ging, aber ich hatte schon immer gearbeitet, war zäh für meine Größe und dachte, ich wäre zu harter Arbeit fähig, an die Mexikaner kam ich allerdings nicht heran. Ich habe noch nie jemanden so arbeiten sehen wie sie. Als ich schließlich ein Fünftel Hektar, manchmal etwas mehr, am Tag schaffte, schafften sie fast einen ganzen Hektar, den Rücken gebeugt, in unerklärlich sauberen weißen Hemden und bräunlichen Strohhüten, Männer und Frauen und Kinder, braune Arme, die blitzschnell mit der Hacke jede zweite Pflanze herauszogen, damit die restlichen mehr Platz hatten, um zu wachsen: hacken, Schritt, hacken, Schritt, feldauf, feldab.

Sie adoptierten mich. Ich wurde offenbar von vielen Menschen adoptiert, als ich jung war. Einige der Farmen, auf denen wir arbeiteten, waren darauf eingerichtet, uns zu verpflegen – Metalltöpfe, die an die Tische genagelt waren und zwischen den Mahlzeiten ausgespritzt wurden, Löffel, die mit Ketten an denselben Tischen befestigt waren, große

Kellen gekochte Bohnen mit Speckstückchen drin und Brot, das eine Woche alt war, altbackene Erdnußbutter-Gelee-Sandwiches. Aber man mußte bezahlen, so, wie man für die Hacke und die Handschuhe bezahlte, um Geld zu sparen, und das Geld wurde einem am Ende des Jobs vom Lohn abgezogen. Die Mexikaner kochten in der Regel selbst, um Geld zu sparen – große Metalltöpfe mit Bohnen und allen Tieren drin, die sie fangen konnten –, und sie teilten mit mir, was sie selbst aßen. Sie fingen Waldmurmeltiere und Eichhörnchen, mit Geduld und Drahtschlingen, in denen die Tiere sich verfingen, wenn sie aus ihren Löchern kamen. Auf allen Farmen gab es Hunderte von Tauben, und wenn sie nachts auf den Scheunendächern hockten und schliefen, kletterte ich hoch, brach ihnen den Hals und warf sie hinab zu den Männern, die unten warteten und sie in ihre Eintöpfe gaben.

Nie in meinem Leben habe ich so schwer gearbeitet und nie so etwas Gutes gegessen wie diese dicken Eintöpfe und frisch gebackenen Maistortillas, die die Frauen auf einem dünnen Metallstück über einem offenen Feuer zubereiteten, sie mit der flachen Hand platt klopften, mit den Fingerspitzen blitzschnell wendeten, wundersamerweise ohne sich auch nur ein einziges Mal zu verbrennen. Wie gerne würde ich noch einmal solche Tortillas essen, die heiß von dem Metall kamen und aufgerollt als Löffel benutzt wurden, um Eintopf aus dem großen Topf zu schöpfen …

Ich weiß nicht, ob sie mich liebten. Natürlich waren sie sehr nett zu mir und behandelten mich wie ihresgleichen, aber ich liebte sie wie eine Familie. Einige von den jungen Mädchen liebte ich auf andere Art, obgleich die Eltern zu große Vorbehalte hatten und zu streng waren, um zu erlauben, daß ihre Töchter mit mir allein waren. Ich war natürlich schon öfters verliebt gewesen, in der Schulzeit zum Beispiel, zumindest hatte ich es für Verliebtheit gehalten, aber ich hatte nie darüber geredet und war zu schüchtern gewesen, es den Mädchen, in die ich verliebt war, zu gestehen. Aber die Situation war damals einfach unmöglich. Ich war der Sohn eines Trunkenboldes, kam aus armen Verhältnissen und hielt mich noch dazu für häßlich. Dabei war ich so schüchtern, daß ich Mädchen gegenüber praktisch kein Wort rausbrachte, und die Mädchen, in die ich verschossen war, waren stets die beliebtesten, die schönsten, die unerreichbarsten.

Bei den mexikanischen Mädchen war es anders. Ich arbeitete mit ihnen, wir waren befreundet, und ich legte meine Schüchternheit ab. Einige der Mädchen, schwarzhaarige mit wunderschönen Augen, verdrehten mir so sehr den Kopf, daß ich meinte, mir würde das Herz stehenbleiben. Obwohl mit keiner von ihnen was lief, bedauerlicherweise überhaupt nichts, geschah es wenigstens, daß wir uns leise unterhielten, wenn nach einem harten Tag auf den Feldern der Sommerabend kam und wir vor der Scheune oder dem Schuppen saßen, wo wir nach dem Essen schliefen. In fürchterlichem Spanisch fragte ich sie über Mexiko aus, und in sehr viel besserem Englisch fragten sie nach meinem Leben, und ich träumte davon, mit ihnen nach Mexiko zu gehen und am Meer zu leben, immer am Meer, mit einem kleinen Haus und einem wunderschönen jungen Mädchen mit schwarzem Haar und tiefen, dunklen Augen.

Als wir nun an den Zuckerrübenfeldern vorbeifuhren und den Osten von North Dakota verließen, löste die satte Erde in mir eine Wehmut aus, die fast schmerzlich war, und ich glaube, ich hätte am liebsten angehalten, einfach angehalten, um dort zu bleiben und ... zu warten. Ich weiß nicht genau, worauf ich gewartet hätte – vielleicht darauf, daß die Wanderarbeiter zurückkämen, und vielleicht, um sie noch einmal zu sehen, mit ihnen zusammen zu arbeiten, obwohl ich nicht mehr so hart arbeiten könnte wie damals.

Doch als ich in den Rückspiegel blickte, konnte ich trotz der Verkleinerung den fragenden Ausdruck in Larrys Gesicht sehen, und ich zuckte übertrieben die Achseln und gab Gas.

Man ist stets allein, wenn man fährt. Selbst in einer Gruppe ist man allein. Vielleicht macht das ja das eigentlich Schöne am Motorradfahren aus – die aufgezwungene Einsamkeit. Während der Motor brummt und der Wind heult – der ständige Hurrikan –, ist man selbst mit einem Sozius allein. Die Maschine verlangt es, sie verlangt, daß du dich ununterbrochen auf sie konzentrierst, und das Geräusch des Motors und des Windes sorgt dafür, daß du deine Gedanken für dich behältst. Nur ein einziges Mal war ich mit meinen Gedanken noch einsamer, und zwar als ich allein auf dem Pazifik segelte. In beiden Fällen hat die Einsamkeit eine gewisse Eleganz, eine Anmut, die das Denken beinahe in einen Tanz verwandelt.

Trotzdem entsteht eine Art von Kommunikation – Handzeichen, eine Geste, ein Schlenker mit der Maschine bei hoher Geschwindigkeit, ein hochgehaltener Daumen oder, seltener, ein Finger –, und ich denke jetzt, wie schön es wäre, wenn ich Larry sagen könnte, woran ich mich erinnerte, was ich dachte, aber es würde albern klingen. Wenn ich anhalten und sagen würde: »Hier habe ich mal als junger Bursche gearbeitet ...«, könnte ich ihm von der Süße der Erinnerung nichts vermitteln. Larry würde lächeln und auf seine freundliche Art nicken (er ist einer der freundlichsten und sanftesten Männer, denen ich je begegnet bin, und das, obwohl er im Krieg war, oder vielleicht deshalb), und wir würden weiterfahren.

Ich hätte ihm später, als wir uns ein Zimmer für die Nacht gesucht hatten, von den dunkeläugigen mexikanischen Mädchen mit ihren lächelnden weißen Zähnen erzählen können – ich weiß, es klingt abgedroschen, aber es ist einfach wahr –, und es hätte ihm gefallen. Aber die Bikes sind nicht nur Schöpfer, sie löschen auch aus. Die Räder rollen weiter, und es kommen neue Dinge. Die Erinnerung an meine Zeit als Farmarbeiter war noch vor Einbruch der Dunkelheit hundertmal erloschen.

Als ich mal wieder von zu Hause ausgerissen war, wollte ich nicht weit von hier per Anhalter nach Westen fahren, damit die Polizei mich nicht einfing. Ich wurde von einem Ungarn mitgenommen, der geflohen war, nachdem sowjetische Truppen den Aufstand in seiner Heimat niedergeschlagen hatten. Er war ein kleiner Mann mit dunklem Haar und dunkler Brille, und er fuhr einen alten DeSoto. Während er mir bei hohem Tempo lächelnd vom wunderbaren Leben in Amerika vorschwärmte, versuchte ein Fasan, die Straße zu überqueren, schlug durch die Windschutzscheibe in sein Gesicht und brach ihm das Genick, so daß er auf der Stelle tot war. Der Wagen kam von der Straße ab, aber die Böschung war flach, und so machte er bloß einige Hüpfer, um schließlich auf einem gepflügten Feld stehen zu bleiben. Weder atmete der Mann, noch konnte ich seinen Herzschlag fühlen, und in Panik rannte ich davon, voller Blut und Fasaneninnereien, und eine alte Dame las mich auf, für die ich dann arbeitete, bis ich mit den Kirmesleuten loszog.

Abends nahmen Larry und ich uns ein Zimmer in einem billigen Hotel. Dank der Armee und über fünfunddreißigtausend Kilometern auf Hundeschlitten, einschließlich zwei Iditarods, hatte ich so oft im Freien kampiert, daß es mir für den Rest des Lebens reichte, also zahlte ich jeden Tag für eine billige Motelübernachtung, aber über Erinnerungen sprach ich nicht.

Wir machten die Bikes sauber und kontrollierten den Ölstand und überprüften, ob irgendwo Schmierfett oder Öl austrat. Die Maschinen verbrauchten weder Öl, noch trat Schmierfett aus (so viel zum Thema Harley-Mythos), und so waren wir dauernd beschäftigt. Larry war viel gründlicher als ich: seine Maschine sah jeden Abend wieder wie neu aus. Ich setzte mich hin und machte mir Notizen für ein geplantes Buch über den Iditarod, das später unter dem Titel »Iditarod – Das härteste Hundeschlittenrennen der Welt« erschien, und nachdem wir die Maschinen geputzt und Reis mit Bohnen aus der Dose gegessen hatten, hauten wir uns aufs Ohr, um für die nächste Tagesetappe ausgeschlafen zu sein.

Es erstaunt mich seit eh und je, woran Menschen sich alles gewöhnen, daß sie Rhythmen für sich entwickeln können und imstande sind, das absonderlichste Verhalten wie einen natürlichen Teil ihres Lebens aussehen zu lassen. Hundeschlittenrennen sind da ein gutes Beispiel. Ein weiteres ist meine Arbeit als Redakteur eines Sexblatts in North Hollywood, wo ich in einer kleinen Wohnung lebte und lernte, schreiben *zu lernen.* Oder allein auf einem kleinen Segelboot im Pazifik zu sein. Das alles waren extrem unterschiedliche Erfahrungen, die mir dennoch nach ein paar Tagen absolut normal vorkamen.

Es erschien mir das Natürlichste von der Welt, in einer dunklen Nacht in der Arktis auf einer Schneeverwehung zu schlafen und Hundescheiße von Schlittenkufen zu kratzen;

oder eine Stripperin zu interviewen, die ihren Atombusen auspackte und mir präsentierte, als wäre sie eine ernsthafte Künstlerin; oder in einem dreieinhalb mal sieben Meter großen Raum zu hocken und mich von stürmischem Wind und sechs Meter hohen Wellen so durchschütteln zu lassen, daß mir das Herz in die Hose rutschte.

So war es jeden Abend mit den Motorrädern. Die Harley und die Fahrt wurden zum Mittelpunkt des Lebens, der Grund, warum ich existierte. Am fünften oder sechsten Tag war mir, als hätte ich die Maschine schon immer gefahren, ich hatte das Gefühl, als seien andere Teile meines Lebens der Auftakt zu diesem Unternehmen gewesen, etwas, das ich hatte machen müssen, um für diese Fahrt bereit zu sein. Es wurde absolut normal, daß der Wind den ganzen Tag an meinen Ohren vorbeirauschte, so normal, wie mit einem Hundegespann neunzehnhundert Kilometer quer durch Alaska zurückzulegen oder mit einem Boot Cabo San Lucas zu umsegeln oder mir den üppigen Busen einer Stripperin anzuschauen, die mir entgegengehalten wurde, oder mich von einem Sergeant zur Schnecke machen zu lassen, weil ich den Lauf einer MG ruiniert hatte.

Als die Frau an der Motelrezeption sich entschuldigte, weil sie uns nicht erlauben konnte, unsere »Roller«, wie sie sagte, über Nacht mit aufs Zimmer zu nehmen, schien der Gedanke absolut normal, seine Harley über Nacht mit aufs Motelzimmer zu nehmen. (Zur Erklärung: wenn die Tür neunzig Zentimeter breit ist, wie bei den meisten Motels der Fall, und im Erdgeschoß direkt auf den Parkplatz geht, paßt die Maschine wunderbar durch, vorausgesetzt, sie hat einen Standardlenker und die Fußrasten am Sturzbügel lassen sich einklappen.) Larry nahm seine Maschine immer mit aufs Zimmer und stellte sie auf Pappkarton, damit kein

Öl auf den Fußboden tropfte, und ehrlich gesagt, es gab etliche Nächte während der Fahrt, in denen ich entschieden besser geschlafen hätte, wenn meine Maschine mit im Zimmer gewesen wäre.

Wir überquerten die Grenze zwischen North Dakota und Montana in den frühen Morgenstunden des nächsten Tages und sahen das Haus, in dem General Custer mit seiner hübschen Frau Libby wohnte, als er zu seinem letzten Gefecht mit den Sioux aufbrach. Von dort folgten wir grob derselben Route wie er, über die sanft gewellte Montana-Prärie ein Stück nach unten und dann hoch zum Little Bighorn River.

In den letzten Jahren habe ich viel über den Tod nachgedacht. Nachdem bei mir eine Herzkranzarterienerkrankung diagnostiziert worden war – »Todesursache Nummer eins bei Männern über fünfzig«, wie es in fast jeder Werbung für gesunde Ernährung heißt, hatte ich plötzlich Alpträume, in denen ich das Zeitliche segnete. Die verdammten Träume kamen jede Nacht, und ich griff auf eine Methode aus der Zeit meiner Hundeschlittenrennen zurück: ich »tat so, als ob« ich schlafen wollte, und wenn ich fast eingedöst war, stand ich auf und spazierte ein bißchen herum, damit die Neuronen, die drauf und dran gewesen waren, den Alptraum auszulösen, sich verausgabten. Ich bin nicht sicher, ob es so funktioniert, aber die Todesträume ließen nach, und ich konnte besser schlafen.

Seit der Diagnose meiner Herzerkrankung vor sieben Jahren achte ich streng auf meine Ernährung und esse kein Gramm Fett, und es hat funktioniert: Ich lebe noch. Freunde von mir sind dagegen am Herzinfarkt gestorben, und es hat dazu geführt, daß ich die süße Melancholie des Todes verstanden habe. »Jeden erwischt es«, sagte ein Sergeant mal zu mir – er kam später in Vietnam ums Leben – »du mußt nur zusehen, daß es dich als letzten erwischt.« Im Alter zu sterben erscheint mir irgendwie richtig. Ich finde einen solchen Tod zwar auch beschissen, wie eben jeder Tod beschissen ist – treffender kann man es nicht ausdrücken –, aber wenigstens hat man was vom Leben gehabt.

Was General Custer und seinen Leuten damals widerfahren ist, war *absolut* ungerecht. Custer selbst war ein rätselhafter Mann, der mutig im Bürgerkrieg gekämpft hatte und seinen Ruhm zum großen Teil seiner Fähigkeit verdankte, den Hintern zusammenzukneifen und immer dicht vor der Feuerkugel direkt ins schlimmste Schlachtengetümmel zu reiten. Er hatte mehr Glück als Verstand, so daß die Armee noch heute von »Custers Glück« spricht. Pferde wurden unter ihm weggeschossen, seine Uniform wurde von Kugeln durchsiebt, um ihn herum starben die Soldaten reihenweise – nur er blieb wie durch ein Wunder unversehrt. Noch heute ist er der jüngste General, den die amerikanische Armee je hatte, und wäre er am Little Bighorn nicht gefallen, hätte er mehr als nur gute Aussichten gehabt, Präsident zu werden. Er hatte einen Korrespondenten namens Kellogg bei sich, der den Demokraten auf ihrem Parteitag, der gerade abgehalten wurde, während die Schlacht am Little Bighorn stattfand, die Neuigkeit von seinem Sieg überbringen sollte. Natürlich wurde Kellogg ebenfalls getötet.

Obwohl es politisch nicht korrekt ist, Custer Respekt zu zollen, fällt es schwer, seinen Mut nicht zu bewundern, und letztlich könnte man sagen, daß ihm der Ruhm zuteil wurde, den er verdient hat. Zu Lebzeiten war er eine Art Elvis. Frauen kamen zu ihm ins Hotelzimmer in New York, sie schenkten ihm Locken von ihrem Haar, und sein Buch »Mein Leben in den Plains« (das einer von seinen Leuten, der die Schlacht überlebte, ein gewisser Captain Benteen, in »Meine Lügen in den Plains« umbenannte) wurde ein Bestseller.

Von seinen Männern, die mit ihm am Little Bighorn fielen, läßt sich nichts dergleichen sagen. Sie ernteten keinen Ruhm – Custer ist praktisch der einzige Name, der in Erinnerung geblieben ist; viele von ihnen wurden nicht einmal bestattet. Sie verdienten dreizehn Dollar im Monat, was für viele von ihnen ein guter Sold war.

Es waren hauptsächlich irische Einwanderer, die notgedrungen zur Armee gingen, weil sie von irgendwas leben mußten oder weil sie in den Westen wollten, um dort ihr Glück zu suchen. Sie waren schlecht ausgebildet (viele von ihnen hatten kaum einmal ihr Gewehr abgefeuert), und ihre Waffen und ihre Ausrüstung waren bestenfalls mittelmäßig, so daß ihre Gewehre oft Ladehemmungen hatten oder völlig versagten. Sogar ihre Hüte stammten von korrupten Militärlieferanten, und beim ersten Regen gerieten sie außer Form und hingen den Kavalleristen ins Gesicht. Die meisten Soldaten hatten sich für zehn Cents steife Strohhüte gekauft, die sie in der Schlacht trugen. Die Männer waren klein – 1,58 bis 1,60 Meter – und leicht, weil das die Pferde nicht so sehr ermüdet. Auch Custer war sehr schmächtig – seine Kleidung wäre heute den meisten Frauen zu klein. Keiner von ihnen, nicht ein einziger, hatte auch nur annähernd die Statur von John Wayne, und so gut wie keiner hatte persönlich etwas gegen die Indianer, geschweige denn irgendeinen Grund, sie zu hassen.

Wir folgten dem Weg von Custers Abteilung und kamen am Nachmittag auf das Schlachtfeld, wo wir die Bikes zwischen Unmengen von Touristenfahrzeugen parkten. Ich war schon etliche Male dort gewesen und erklärte mich zunächst bereit, bei den Motorrädern zu bleiben, weil sie mit unserer ganzen Ausrüstung bepackt waren, während Larry ins Museum ging und an einer Führung teilnahm. Der Ort übt eine solche Anziehungskraft aus, einen solchen Sog, daß ich dachte: Was soll's – wenn jemand uns beklauen will, dann soll er doch, vor all den Leuten. Also ließ ich die Motorräder allein (auf der ganzen Reise wurde uns nichts gestohlen) und ging zu meiner Lieblingsstelle, wo die letzte Phase der Schlacht stattgefunden hatte.

Es gibt natürlich alle möglichen Geschichten und Theorien über das, was damals geschehen ist. Vor fünfundzwanzig Jahren besuchte ich das Schlachtfeld mit einem Mann namens Allen Oldhorn, dem Enkel von Custers Kundschafter Curly vom Stamme der Crow, der Augenzeuge der Schlacht war und sie als Überlebender der Nachwelt schildern konnte.

Curly hatte Allen als kleinen Jungen einmal mit auf das Schlachtfeld genommen und ihm erzählt, wie sich alles abgespielt hatte. Und nun erzählte Allen mir an diesem geschichtsträchtigen Ort, was er von den Schilderungen seines Großvaters noch in Erinnerung hatte. »Dort wurden Männer getötet«, sagte er und zeigte auf eine Stelle, »nicht da drüben. Als sie dort runterkamen, nicht weit vom Fluß, und sahen, wie viele Indianer da waren, wollten sich viele von ihnen ergeben, aber die Sioux ließen sie nicht ...«

Allen blickte und zeigte mal hierhin, mal dorthin und sprach mit leiser Stimme, und ich konnte förmlich die Hitze und den Staub sehen, die Rufe der Indianer und das Schreien und Fluchen der Soldaten in seiner Stimme hören, das Getümmel in seinen Augen sehen.

Wo die Verstärkungstruppen später die Leichen fanden, stehen heute weiße Gedenksteine. Sie sind auf dem Präriegras verteilt und erstrecken sich vom Fluß hinauf zur Kuppe des kleinen Hügels, wo Crazy Horse das Signal zu dem Angriff gab, der die Gegner überrannte und vernichtete. Es ging blitzschnell, die ganze Sache dauerte vermutlich nicht mal eine Stunde.

Die weißen Steine wirkten wie Papierstücke, was insofern passend war, als die Soldaten der Verstärkungstruppe bei ihrer Ankunft von weitem auf dem Hügel etwas erblickten, was aussah wie Papier. Es waren die Leichen der Männer, weiß, völlig entkleidet, die hingestreckten Körper niedergemetzelt und verstümmelt, und jeder, der diese Steine sieht und an die Papierstücke denkt, ist zutiefst bewegt. Ich weine, wenn ich an dem Hügel stehe, so, wie ich am Vietnam Memorial in Washington und auch in Gettysburg weine, wo an nicht einmal einem Tag über vierzig*tausend* junge Männer abgeschlachtet wurden. Die Einheit der First Minnesota Volunteers hatte sich mit über tausend Mann von Minnesota auf den Weg gemacht, und nach der Schlacht bei Gettysburg waren nur noch siebenundvierzig von ihnen unverletzt.

Custers Männer wurden ohne jeden Grund niedergemäht, nur weil eine dumme Regierung ihr Versprechen gegenüber einem Volk gebrochen hatte, das im Grunde nichts anderes wollte, als in Ruhe und Frieden zu leben. Custer selbst war mitverantwortlich für die Indianerunruhen, denn er hatte zuvor eine illegale Expedition in das Gebiet geleitet, das wir heute die Black Hills nennen und das den Indianern vertraglich zugesichert worden war, »so lange das Gras wächst und das Wasser fließt«. Custer und seine Leute entdeckten dort Gold, und als sich die Nachricht verbreitete, kamen die Weißen in hellen Scharen: Männer, die skrupellos Indianer töteten, um an das Gold zu kommen, Männer, die das Risiko nicht scheuten, selbst von Indianern getötet zu werden. Noch heute findet man in den Wäldern der Black Hills Gedenksteine und stößt auf das eine oder andere Schild mit der Aufschrift: »Robert Peterson wurde hier beim Goldsuchen von Sioux getötet« oder »Die Goldschürfergruppe Mackey wurde hier von Sioux getötet.«

Natürlich war die Regierung schuld, wie immer im Umgang mit den Indianern – oder auch den Mexikanern, den Schwarzen oder den Asiaten oder (früher) mit den Iren, den Polen oder den Finnen, je nachdem, wo und wann man in den Vereinigten Staaten war.

Aber die Kavalleristen unter Custer trugen genausowenig Schuld wie die siebenundfünfzigtausend Männer und Frauen, die in Vietnam starben. Schuldig waren die verantwortlichen Politiker: damals Grant, der die wohl korrupteste Regierung in der amerikanischen Geschichte vor Reagan leitete, später waren es Kennedy, McNamara und Johnson. Ihnen kann man die Schuld geben. Und vielleicht auch dem amerikanischen Volk, aber nicht den Männern, an die die kleinen weißen Steine erinnern, mit denen das Präriegras übersät ist. Sie sind schuldlos.

Larry war sehr still, als wir anschließend in einem Restaurant in der Nähe saßen, Eistee tranken und über andere Dinge sprachen – über Motorräder und das Wetter und darüber, wie klein die Soldaten doch gewesen waren. Aber wir sprachen kaum über die weißen Steine, und ich war froh, als ich wieder auf meiner Maschine saß und mit dem Wind, dem Brummen des Motors und meinen Gedanken allein war.

Eine Anmerkung zu einem seltsamen Zufall: Nach der Schlacht war alles verschwunden, das Geld aus den Taschen der Soldaten, Uhren, Briefe, einfach alles. Jahrelang konnte sich das niemand erklären, bis eine findige Reporterin die Sachen in einem Steinhügel über dem Grab des Cheyenne-Häuptlings Two Moons entdeckte, der seine Leute in die Schlacht geführt hatte. Die Reporterin hieß Kathryn Wright, und sie ist die Tante meiner Frau.

Noch eine Anmerkung: Meine Frau besitzt einen Colt-Revolver, Kaliber 45, den Revolvergurt und das Rangabzeichen ihres Ururgroßonkels. Die Waffe ist in sehr gutem Zustand, und mir fiel auf, daß direkt vor der Seriennummer irgendwas ausgekratzt worden war. Ich erkundigte mich bei einem Experten, und der meinte, diese spezielle Serie von Colts sei von der Armee benutzt worden, insbesondere von der 7. Kavallerie – das Kürzel »US« vor der Nummer hatte man abgekratzt, als die Waffe einige Jahre später ausrangiert und weiterverkauft wurde. Somit war der Revolver wahrscheinlich bei der Schlacht dabei und wurde von einem der Männer getragen, die überlebten, weil sie sich hinter den Rücken toter Pferde kauerten und mit den Trinkbechern aus ihrem Kochgeschirr kleine Vertiefungen gruben (noch heute vorhanden). Es ist ein merkwürdiges Gefühl, wenn man die Waffe in der Hand hält und daran denkt, wo sie einmal war.

In dieser Gegend, in diesem Teil des Landes, von Montana bis hinunter nach Sheridan und Story in Wyoming, ereigneten sich die meisten Zusammenstöße mit den Sioux und den Cheyenne, kleine Scharmützel hier, größere Kämpfe dort, und für mich veränderte sich, zumindest für einen kurzen Augenblick, der Charakter der Reise. Ich dachte weniger ans Motorradfahren oder unseren Trip und mehr an die Männer, die dorthin gekommen waren, Indianer und Kavalleristen, und weil all das von den Ereignissen nicht zu trennen ist, auch an das Land selbst.

6

DIE LANDSCHAFT WAR ATEMBERAUBEND. Die Bighorn Mountains gehören zu den schönsten Bergen der Welt, mit schneebedeckten Gipfeln im Sommer wie im Winter und herrlichen Flüssen. Dorthin war ich damals gefahren, um zu genesen, nachdem ich von meinen Herzproblemen erfahren hatte.

Eine Herzerkrankung hat etwas ausgesprochen Befreiendes. Du wirst dir eindringlich deiner Sterblichkeit bewußt, und dieses neue Bewußtsein wirkt sich zwangsläufig auf dein Leben aus. Das Leben um dich herum geht weiter, die Menschen erleben alles Mögliche, was sie für lebenswichtig halten – die Abbezahlung des Autos, Karriere, Anwälte, Auszeichnungen, Familie –, und du weißt im Grunde deines Herzens, daß das alles Schwachsinn ist. Diese Freiheit gibt dir eine Herzerkrankung.

Das Leben verlangt nur eines: daß du es lebst. Und die logische Folge ist, daß du das so gut tust, wie du kannst. Wir sind nicht besser oder schlechter als Hunde, Ameisen oder Spatzen. Alles andere ist im Gesamtzusammenhang so bedeutungsvoll und so bedeutungslos wie Religion. Diese Einsicht verdanke ich meinem kranken Herzen.

Weil ich nicht mehr Hundeschlitten fahren konnte, waren die Winter im Norden Minnesotas bei weitem nicht mehr so interessant, wie sie es einmal gewesen waren. Ich machte mich auf nach Süden, doch ich vermißte den Winter so sehr, daß ich beschloß, eine Zeitlang in Wyoming zu leben, wo die Winter nicht so hart waren (eine Fehleinschätzung, wie sich herausstellen sollte) und wo es noch Gegenden gab, die nicht von Menschenhand zerstört worden waren. Wenn man in der Wildnis des Nordens mit dem Hundeschlitten unterwegs ist, spürt man so ganz nebenbei auch die Schönheit des Alleinseins.

Am Rand von Story, das genau am Fuße der Bighorns liegt, fand ich eine Hütte, in die wir einzogen, und ich beschloß, die Berge zu erkunden.

Zu Fuß konnte ich das nicht machen – ich war zwar schon wieder auf Schonkost, aber noch nicht in der Lage, höher als dreitausend Meter zu steigen. Deshalb kaufte ich zwei Pferde, eine dreizehn Jahre alte Stute namens Merry und ein Cowboypony-Halbpferd namens Blackie. Nach einigen Anpassungsschwierigkeiten erwiesen sie sich als mindestens so treu und zuverlässig wie Hunde, obwohl sie nicht so schlau waren. Ich hatte schon immer geritten. Schon in meiner Kindheit hatte ich auf den Farmen meines Onkels in Minnesota und North Dakota auf den Arbeitspferden gesessen. Ich ritt die Gespanne, die die Heuwagen von den Feldern zogen, döste so manchen Sommernachmittag auf dem Rücken eines Zugpferdes mit einem Strohhalm im Mund vor mich hin und unterhielt mich mit meinen Cousins über alles und nichts, während die riesigen Pferde grasten, ohne unser Gewicht zu spüren, und eigentlich beschloß ich da, Geschichtenerzähler zu werden. Ich war dreizehn, und an einem heißen Sommertag mit Wölkchen wie Popcorn dachte ich mir eine Geschichte aus, in der ich eine weite Strecke auf einem Pferd ritt und ein Mädchen kennenlernte – ein Mädchen kam immer vor –, das mich toll fand, weil ich auf einem Pferd saß und ein Cowboy war. Als ich mit der Geschichte kurz vor der Stelle aufhörte, an der das Mädchen mir aus Dankbarkeit gerade einen Kuß geben wollte, weil ich ihre Katze, ihr Kalb, ihren jungen Hund, ihre Mutter, ihr kleines Geschwisterchen – egal was – gerettet hatte, sagte einer meiner Cousins: »Und wie geht's weiter?«

»Gar nicht«, antwortete ich. »War bloß eine Geschichte, die ich mir ausgedacht habe.«

»Ist doch total egal«, sagte er. »Trotzdem ist die Geschichte gut, und wenn du mir nicht erzählst, wie sie ausgeht, knall ich dir eine.«

Er hatte recht: Es ist wirklich total egal, allein die Geschichte zählt. Als ich viele Jahre später anfing, über Dinge zu schreiben, die ich tatsächlich erlebt hatte, war es genauso; die Geschichte war in gewisser Weise wichtiger als das Geschehen.

Später machte ich die Bekanntschaft von Shetlandponys und mußte erfahren, was für miese, kleine Biester das sein können – noch heute habe ich Narben von ihren Bissen –, und lernte Prachtpferde wie Palominos und Appaloosas und Quarter-Horses und Walking-Horses kennen. Als ich in Montana mal zu tief ins Glas geschaut hatte, versuchte ich mich in geliehener Cowboymontur sogar als Zureiter von Wildpferden. Seit eh und je habe ich richtigen Respekt vor dem, was Pferde einem geben können, auch wenn ich sie nicht so liebe wie inzwischen Hunde. Als ich mir Merry und Blackie zulegte, hatte ich bereits reichlich Erfahrung mit Pferden gesammelt, so dachte ich zumindest (sie sollten mir noch einiges mehr beibringen, über Pferde und über mich selbst). Aber ich hatte noch nie mit einem Packpferd gearbeitet.

Ich gewöhnte Blackie daran, einen Packsattel zu tragen, was längst nicht so glatt vonstatten ging, wie es sich vielleicht anhört. Blackie war noch nie bepackt worden, und obgleich er ein ruhiges Pferd mit einem großen Herz war, hatte er mit seinen elf Jahren natürlich sehr festgefahrene Vorstellungen davon, was auf seinen Rücken gehörte und was nicht. Ein Sattel war in Ordnung. Ein Mensch ebenfalls. Auch ein Mensch und ein Sattel mit einem gelben Regenschutz – wenn sich der nicht löste und im Wind flatterte – waren in Ordnung. Ich ritt Blackie im scharfen Galopp und feuerte mit einer .375er Magnum von seinem Rücken, und sogar das war in Ordnung.

Ein Packsattel dagegen war *nicht* in Ordnung.

Und wenn noch jede Menge Ausrüstung drin war – Gaskocher und Kochgeschirr, Kleidung zum Wechseln, ein Schreibblock und ein paar Dosen Bohnen mit Reis –, dann war das doppelt schlimm.

Ich kannte damals nur die weiche Eleganz von Hundeschlitten mit ihren langen Kufen und war es gewohnt, daß Ausrüstung selbst dann nur minimal beschädigt wurde, wenn die Hunde rebellierten oder der Schlitten gegen einen Baum prallte. Ich war ganz und gar nicht darauf vorbereitet, wie heftig Blackie reagieren konnte. Natürlich gab es Warnzeichen. Er akzeptierte den Packsattel und die Segeltuchtaschen ohne Murren, doch sobald ich die Taschen füllte und es ein wenig klapperte, riß er die Augen weit auf und blähte die Nüstern. Ich kriegte das zwar mit, führte es aber auf vorübergehende Nervosität zurück.

Die Ladung war nicht im Gleichgewicht, aber ich hatte mit einem alten Packsattelexperten namens Jack gesprochen, der schon überall in den Bighorns mit Packpferden unterwegs gewesen war, und er riet mir, die Ladung einfach mit Steinen auszugleichen. Jack war ein Mann von wenig Worten und mit festen Vorstellungen. Er hatte das seltene Erlebnis gehabt, daß sein Pferd, mit dem er gerade über das Hochland ritt, vom Blitz getroffen wurde.

»Dem Pferd hat das gar nicht geschmeckt«, sagte er. »Es war auf der Stelle tot.«

Ich glich die Ladung mit Steinen aus, und Blackie ließ es sich gefallen. Dann verrutschte ein Stein ein wenig und schlug gegen einen Topf oder gegen den Gaskocher.

Was dann passierte, hatte ich noch nie erlebt. Kochgeschirr und Bettzeug und Dosen mit fettfreiem Chili flogen durch die Luft, und in rasender Wut zerlegte Blackie einen kleinen Gaskocher in seine molekularen Bestandteile.

Dann stand er da, noch immer an den Baum gebunden, ruhig durch seine großen Nüstern atmend, während ich die heil gebliebenen Sachen aufsammelte und neu verlud. Wieder drehte Blackie durch. Erst nach dem vierten Anlauf akzeptierte er die Ladung, doch von da an war er brav, und die Stute – elegant, schnell und feingliedrig – freute sich, ihn zu ziehen.

Wir verließen Story und zogen den ganzen Sommer lang auf alten Trails über die Bighorns und kamen manchmal durch Gegenden, wo es gar keine Wege und Pfade gab. Ein großer Teil des Gebietes, durch das wir zogen, war Mittelpunkt der Kämpfe mit den Sioux und Cheyenne gewesen, und auf einem meiner Streifzüge fand ich an einem Baum eine alte Patronenhülse vom Kaliber .45–70. Die Kavalleristen unter Custer hatten solche Patronen, wie fast die ganze Armee damals. Die Indianer waren nach der Schlacht gegen Custer in die Bighorns geflohen, um der Gefangenschaft zu entgehen, und ich fragte mich, ob diese Hülse irgendeinem toten Soldaten mitsamt seinem Gewehr weggenommen worden war.

Während des Zweiten Weltkrieges war eine B-17 an einem Gipfel der Bighorns zerschellt, und ich wollte mit den Pferden da hinauf, schaffte es aber nicht, weil das Gelände für die Tiere offenbar zu unwegsam war. Dafür lernte ich einen gewissen Jimmy Huggins kennen, einen alten Cowboy, der die Leichen der Crew geborgen hatte. Den Sommer über wohnte er in einer Hütte an einem See im Hochland, um das Überlaufwehr zu öffnen und zu schließen und Wasser zur Bewässerung der Wiesen in der tiefer liegenden Prärie abzulassen. Ich machte für zwei Nächte bei ihm Station, weil ich hoffte, daß der Schnee auf einem Paß in der Nähe etwas schmelzen würde, so daß ich durchkonnte. (Er schmolz übrigens nicht; später erfuhr ich, daß er über zwölf *Meter* tief war.)

Jimmy war ein seltsamer Mann. Er saß da und rauchte eine alte Pfeife, spritzte sich Insulin und erzählte mit leiser Stimme von dem Western-Schauspieler Ben Johnson (den er persönlich gekannt und sehr verehrt hatte; er sagte, Ben habe alles Geschäftliche nur per Handschlag geregelt und sei ohne »den ganzen Anwaltsscheiß« klargekommen) und von Märschen mit dreißig Packpferden, die ein einziger Mann gezogen hatte, von der Jagd im Hochland, wo es erstklassige Wapitihirsche gab, von guten Pferden, die »fast perfekt« waren, und von Pferden, die so schlecht waren, daß »sie erschossen gehörten wie ein räudiger Hund«.

Er machte Pfannkuchen auf einem mit Holz gefeuerten Herd, und ich versuchte mit Dosenkartoffeln einen Eintopf zu kochen, der fast ungenießbar war, doch er aß ihn, machte mir höflich Komplimente und erzählte, wie er die tote Crew des abgestürzten Bombers vom Berg geholt hatte.

Zwei Jahre hatte er versucht, mit Packpferden auf den Berg zu kommen, es aber wegen der Witterung und des unwegsamen Geländes nicht geschafft. Ich dachte an die Leichen der Männer und sagte, sie müßten in einem schlimmen Zustand gewesen sein, als sie endlich geborgen wurden.

»Absolut nicht, bei der Kälte da oben hatten sie noch ordentlich Fleisch auf den Knochen ...«

Zäh. Das größte Kompliment, das ich in Alaska je über einen Mann oder eine Frau gehört habe, lautet schlicht und ergreifend: Er oder sie ist zäh. Das Kompliment wird nicht leichtfertig vergeben, nicht mal bei Leuten, die am Iditarod teilnehmen. Nur wenige werden als zäh bezeichnet. Es bedeutet ganz einfach, daß die betreffende Person hart im Nehmen ist. Nicht falsch oder protzig, kein großspuriger Held oder einer, der auf Publicity aus ist, bloß jemand, der mit dem, was passiert, fertig wird – oder aber stirbt.

In Alaska begegnete ich einem Musher, einem Hundeschlittenführer, der mit seinem kleinen Kind im Hundeschlitten fast fünfzig Kilometer durch unwegsames Land zurücklegte, um zu einem Geschäft zu fahren. Er wurde von einem Elch angegriffen, der die Hälfte seines Gespanns tötete, das Kind mit einem Tritt in eine Schneewehe beförderte (es blieb wie durch ein Wunder unverletzt), den Schlitten zu Kleinholz zertrampelte und dann weiter seines Weges ging. Der Mann nahm sein Kind, band die vier Hunde, die noch ziehen konnten, an die Plastikunterlage, mit der der Schlitten ausgelegt war, legte sich bäuchlings darauf, sein Kind schützend unter sich, und rutschte so dreißig Kilometer durch die Berge. Das war zäh. Auch Jimmy war so zäh.

Das Thema Pferde war für mich noch nicht erledigt, und ich nahm meine beiden mit, als ich Wyoming verließ und nach New Mexico weiterzog – nachdem in Wyoming in zehn

Tagen zweimal hintereinander über ein halber Meter Schnee gefallen war. Blackie erteilte mir wieder eine Lektion in Geduld und Dickköpfigkeit. Entweder war er noch nie in einem Pferdeanhänger transportiert worden (der Mann, der ihn mir verkauft hatte, ritt ihn, als er ihn bei mir ablieferte – ein verräterisches Zeichen, das mir hätte zu denken geben müssen) oder er hatte etwas Schlimmes, sehr Schlimmes mit einem Pferdeanhänger erlebt oder hielt sie für Teufelswerk. Ich kaufte mir einen alten Doppelanhänger, um meine Pferde nach New Mexico zu bringen – wo es in so kurzer Zeit nicht ganz so viel schneit – und merkte, daß Blackie keine Anhänger mochte.

Einen Moment lang war ich ratlos. Ich wußte, wie man störrische Hunde dazu brachte, das zu tun, was man von ihnen wollte, aber ein Pferd wie Blackie wog an die 360 Kilo. Wenn er etwas nicht tun wollte, dann tat er es nicht, und ich konnte ihn nicht hochheben und in den Anhänger werfen.

Jack, der alte Cowboy, dessen Pferd mit ihm auf dem Rücken vom Blitz erschlagen worden war, wohnte in der Nähe und kam zufällig vorbei, als ich dastand und Blackie anstarrte, der dastand und den Anhänger anstarrte. »Er will nicht rein«, sagte Jack.

»Ich weiß. Aber ich weiß nicht, was ich machen soll.«

»Zieh ihn rein.«

»Wie bitte?«

»Du mußt ihn reinziehen. Mit einer Winde«, sagte Jack und verabschiedete sich.

Eine Winde zu nehmen schien mir sinnvoll, denn mit bloßen Händen hätte ich Blackie nie im Leben in den Anhänger ziehen können. In meinem Pick-up hatte ich eine alte Winde, mit der ich in meiner Hundeschlittenzeit feststekkende Fahrzeuge befreit hatte. Ich befestigte sie an der Stoßstange des Wagens, führte das Drahtseil durch das vordere Anhängerfenster und hinten wieder hinaus und hakte es an Blackies Halfter ein.

Normalerweise war Blackie eher passiv – die Diskussion um den Packsattel war die große Ausnahme –, und er stand seelenruhig da, während ich sein Halfter festzog, damit es sich auch ja nicht löste. Dann füllte ich mit großem Brimborium etwas Hafer in einen Trog im Innern des Anhängers. Allerdings ohne die geringste Wirkung (es hatte auch in der Vergangenheit nicht funktioniert, aber ich dachte, es könnte ein zusätzlicher Ansporn sein), und so ging ich zur Winde und fing an, sie zu drehen.

Ich dachte, Blackie würde vielleicht kapieren, was ich von ihm wollte, wenn ich das Seil nur ein wenig straffer spannte.

Mitnichten. Er blieb stur stehen.

Ich drehte etwas weiter an der Winde.

Keine Bewegung.

Das Zahnrad klickte weiter.

Nichts.

Es war eine starke Winde. Ich hatte mit ihr schon tote Pferde *gehoben*, die ich von Leuten als Futter für meine Schlittenhunde bekommen hatte, und das machte ich Blakkie jetzt deutlich klar. »Du kannst nicht gewinnen«, sagte ich zu ihm. »Ich verfüge über Wissenschaft, Technik und Hebelkraft. Du bist ein Pferd.« Ich holte tief Luft und ließ das Zahnrad zwei Zähne weiter klicken, doch Blackie rührte sich noch immer nicht von der Stelle.

Just in diesem Moment kam Jack wieder vorbei.

»Das Pferd hat einen langen Hals«, sagte er.

»Er will immer noch nicht in den Anhänger.«

Jack trat hinter Blackie und machte irgendwas mit der

Hand, was ich nicht sehen konnte, und Blackie schoß plötzlich nach vorn, polterte in den Anhänger und fing an, Hafer zu fressen.

»Was hast du gemacht?«

»Ihm auf die Sprünge geholfen.«

Bis heute weiß ich nicht, was Jack da gemacht hat, und er hat sein Geheimnis mit ins Grab genommen. Blackie sträubt sich immer noch, wenn er in den Anhänger soll, aber sobald ich die Winde hole und sie klicken lasse, schaut er nach hinten auf sein Hinterteil und springt schnurstracks in den Anhänger.

Seit meiner Herzerkrankung habe ich Felsenwohnungen und Wüsten und Berge gesehen, ich bin mit den Geistern berühmter Sioux wie Crazy Horse und den toten Soldaten geritten, die gegen ihn gekämpft haben; mit den Geistern von Apachen und schwarzen Soldaten der 10. Kavallerie, die sie gejagt haben; ich habe vor Bären Reißaus genommen und Flüsse durchschwommen; ich bin von Schlangen gebissen worden und Berge hinabgefallen; ich bin von plötzlichen Überschwemmungen mitgerissen worden und habe Sonnenuntergänge und Sonnenaufgänge gesehen, die niemand jemals vor mir gesehen hat und niemand jemals wieder so und am selben Ort sehen wird; ich habe Kojoten gehört, Antilopen und Rotwild verfolgt und beobachtet, wie Wüstenstürme über die Welt ziehen; ich habe unter Sternen gelegen, so hell und klar, daß ich in ihnen das Leben *sehen* konnte, und mir Jimmys Geschichten angehört, an einem Ort, der, wie er gesagt hat, unverändert ist, seit »Gott ein junger Hund war«.

Und das alles verdanke ich meinen Pferden, Merry und Blackie. Zu einer Zeit, in der viele Männer – manche von ihnen liebe und gute Freunde von mir – sich einfach hinlegten und starben, gaben meine Pferde mir die Chance, zu sehen und weiterzuleben.

Damals haben mich die Pferde gerettet – genauso wie die Harley jetzt.

7

WIR WAREN MITTLERWEILE ganz schön abgehärtet – so empfand ich das jedenfalls, und ich glaube, Larry ging es genauso. Wir hatten unsere Unschuld verloren. Wir hatten rund zweitausendsiebenhundert Kilometer bei einem Wetter zurückgelegt, das, wie ein Farmer zu mir sagte, »das beschissenste Scheißwetter« war, das er je erlebt hatte, und schlimmer konnte es nicht mehr kommen.

Bei Regen fuhren wir von Sheridan aus in Richtung Norden, wieder vorbei am Custer-Schlachtfeld und nach Montana hinein. Die Motorräder schienen eine Veränderung zu spüren und brausten mit einem so munteren Dröhnen ins neue Land, daß die Kühe verschreckt zusammenzuckten, wenn wir in der Prärie an ihnen vorbeifuhren. Vielleicht kam es daher, daß wir beide die Originalauspuffrohre abmontiert und durch offene Rohre ersetzt hatten. Und zwar aus zweierlei Gründen: Erstens soll das die Leistung verbessern und zweitens den Spritverbrauch senken – bei meiner Maschine half es nicht –, und außerdem waren unsere Maschinen schließlich Harleys. Bei Harleys geht es um Sound, um einen ganz bestimmten Sound, und den kriegt man nicht mit zugestopften Rohren. Es ist nicht bloß eine Frage des Volumens – obwohl davon einiges vorhanden ist –, sondern es geht um dieses tiefe, rollende Grollen. Von Piloten sagt man, daß sie, wenn sie in der

Nähe eines Flugplatzes sind, einfach nicht anders können, als dabei zuzusehen, wie ein Flugzeug landet oder startet. Harley-Fahrer sind genauso, wenn eine Harley vorbeikommt – ich habe noch keinen erlebt, der einer Maschine nicht so lange nachgeschaut hätte, bis sie nicht mehr zu hören war. (Während ich dies schreibe, macht Harley-Davidson Anstalten, sich den charakteristischen Harley-Sound patentieren zu lassen.)

Hier, auf dem Weg durch Montana Richtung Kanada, fiel mir zum erstenmal die Wirkung des geheimnisvollen Harley-Mythos so richtig auf. Bis zu einem gewissen Grad hatte ich ihn schon in New Mexico und Texas und sogar im Mittleren Westen mitbekommen. Er hat mich genauso beeinflußt wie jeden anderen auch, weiß Gott, und er beeinflußt mich noch immer.

An einer Harley ist irgend etwas zutiefst Amerikanisches. Das Aussehen und der Klang, die Größe und das Massige, die sorgfältige Verarbeitung (heute noch mehr als früher) – bei all dem schwingt etwas mit von den Brüdern Wright und von Barney Oldfield, von Eddie Rickenbacker und Marlon Brando, von Lederhelmen und Schutzbrillen und ganzen Kerlen und einem Quentchen Sex und starkem Fernweh, und das alles verdichtet sich zu einem dicken Ball aus Empathie, die beinahe überwältigend ist.

Das ist die eine Seite. Aber nur die eine. Die andere, vielleicht noch wichtigere Seite ist instinktiv und dick und schwer und sehr, sehr erotisch. Ich habe mehrmals erlebt, daß Frauen tatsächlich sagten: »Oooh, du hast eine Harley ...«, und zwar mit so unverblümter Sinnlichkeit, wie sie mir sonst nicht untergekommen ist (selbst wenn ich meine Zeit als Mitarbeiter bei einer Sexzeitschrift mit einschließe). Das Gefühl, das die Maschine vermittelt, die Erotik in Verbindung mit dem patriotischen und ästhetischen Mythos, ergibt ein so berauschendes Gebräu, daß die Wirkung überwältigend, fast betäubend ist. Und das wird noch verstärkt, wenn man fährt – das donnernde und dabei so anmutige Geräusch –, und es wird sehr schwierig, fast unmöglich, wieder runterzukommen.

An einem Wochenende in einem Harley-Ausstellungsraum lassen sich interessante Beobachtungen machen. Die Männer, die hereinkommen, bleiben nach einem Meter stehen und kriegen einen irgendwie benommenen Gesichtsausdruck und glasige Augen, während sie umhergehen und die Maschinen berühren, sie einfach nur berühren und dabei träumen und hoffen und wünschen.

Viele, sehr viele möchten eine Harley und bekommen keine – nicht von ungefähr die dreijährige Wartezeit –, und dieser Wunsch wurde um so augenfälliger, je nördlicher wir kamen. Natürlich kursieren Geschichten, daß manche Händler all ihre gebrauchten Maschinen nach Europa verschiffen, wo eine Harley angeblich zweimal, ja dreimal mehr einbringt, als sie wert ist. Es mag etwas Wahres dran sein, obgleich ich noch keinen Händler getroffen habe, der das tut, und diese angebliche Praxis hat dem neuesten Mythos Vorschub geleistet: daß nämlich zwei Deutsche in die USA gekommen seien, gebrauchte Harleys gekauft hätten, um damit durch Amerika und Kanada zu fahren, die Maschinen anschließend mit zurück nach Deutschland genommen und sie da für einen Preis verkauft hätten, der nicht nur die Kosten für die Anschaffung, die Reise und die Fracht gedeckt, sondern ihnen noch dazu ein hübsches Sümmchen Gewinn eingebracht habe. Mag sein, daß diese Geschichte in den Bereich moderner Märchen gehört, wie demjenigen, daß Autohersteller das Ein- oder Zwei-Liter-Auto schon serienreif fertig hätten, aber es auf Wunsch der Ölindustrie nicht auf den Markt brächten. Obgleich die Geschichte von den beiden Deutschen völlig unbestätigt ist, hält sie sich hartnäckig.

Wahr oder nicht wahr, unsere Bikes machten jedenfalls um so mehr von sich reden, je weiter wir nach Norden kamen. Wir überquerten die Grenze nach Kanada und fuhren durch die flache kanadische Prärielandschaft in Richtung Dawson Creek, wo der Alaska Highway offiziell beginnt, und jeder Zwischenstop, um zu tanken oder pinkeln zu gehen oder eine Cola zu kaufen, lockte immer mehr Leute zu unseren Maschinen. Sie standen da und schauten sie an, berührten sie, fragten, woher wir kämen und wie es sich anfühle, so eine Maschine zu fahren.

Der wohl ergreifendste Augenblick für mich kam in einem kleinen Motel in Dawson Creek. Wir hatten Halt gemacht, damit Larry sich bei einem Yamaha-Händler (glaube ich) einen neuen Hinterreifen kaufen konnte, und wir nahmen uns ein Zimmer in einem preiswerten Motel. Nachdem wir den Reifen besorgt hatten, saßen wir draußen vor den Zimmern und putzten unsere Bikes. Ich meinte, eine undichte Stelle entdeckt zu haben, wo Öl austrat (was nicht der Fall war, es war bloß etwas Öl hochgespritzt), und lag unter der Maschine, als ich hörte, wie ein kleiner Junge Larry ansprach.

»Hi«, sagte er.

»Hallo.« Larry hörte einen Moment lang auf, seine Maschine zu putzen.

»Das ist ja eine tolle Maschine.«

»Danke.«

Der Junge berührte den Sitz und den Tank, legte die Hand auf den Griff und zögerte, und ich dachte, er wollte fragen, ob er sich mal draufsetzen könne. Manche tun das, obwohl die meisten es offenbar für eine Art Entweihung halten. Doch er seufzte nur und lächelte kurz.

»Haben Sie vielleicht ein Foto von Ihrem Motorrad, das ich haben könnte?«

Und was die Sache vollkommen machte, war, daß Larry tatsächlich ein Foto von der Maschine hatte, und er suchte es raus und gab es dem Jungen, der einen Augenblick dastand und das Foto und die Maschine anschaute, beides miteinander verglich, bevor er zu seinen Eltern drei Zimmer weiter lief, um ihnen das Foto zu zeigen.

Auch Frauen spielten eine Rolle auf unserer Fahrt. In den Vereinigten Staaten sahen wir keine einzige Tramperin, doch sobald wir in Kanada waren, standen überall an den Straßen Collegestudentinnen, die per Anhalter unterwegs waren. Das verrät verdammt viel über die Vereinigten Staaten – die Angst, die Frauen haben müssen, die Gefahren, die auf sie lauern, und daß man nur eine Grenze zu überqueren braucht, und alles ist anders. Im kanadischen Ottawa werden pro Jahr sechs Menschen ermordet, in Washington, D. C. fast ebenso viele pro *Nacht.* Wir leben in einem gewalttätigen Land in einer gewalttätigen Zeit, und leider haben wir uns damit abgefunden, daß es scheinbar sichere Orte gibt, die man besser meiden sollte, vor allem als Frau. Ich frage mich, was J. D. wohl davon gehalten hätte, wie er reagiert hätte, wenn ihm jemand erzählt hätte, er solle sich besser von gewissen Orten fernhalten, von Orten, an denen eine Frau nicht sicher sei. Er hatte keine Illusionen, bestimmt nicht, denn er hatte in Korea gekämpft und kannte diese Form des Bösen, doch der Gedanke, sich dem Verbrechen zu beugen, statt es zu bekämpfen, ihm einen Tritt in den Arsch zu geben (wie er es ausgedrückt hätte), wäre seiner Vorstellung davon zuwidergelaufen, wie die Welt sein sollte. (Ein zweites aufschlußreiches Indiz für den Unterschied zwischen den beiden Ländern: Ich glaube, ich habe in den Vereinigten Staaten auf dem Highway kein einziges Schild ohne ein Einschußloch gesehen; in Kanada habe ich keins *mit* Einschußloch gesehen.)

Larry war seit kurzem Single, und mir fiel auf, daß sein Bike langsamer wurde und zurückfiel, wenn wir an Tramperinnen vorbeikamen und sie uns zulächelten, winkten und uns hinterhersahen, bis wir außer Sichtweite waren, und er ihnen und mir zulächelte und zurückwinkte, aber nicht anhielt. Wenn wir dann Halt machten, um zu tanken oder in einem Café einen Kaffee zu trinken, sprachen wir über die jungen Frauen:

»Hast du die gesehen?« fragte Larry.

»Ja.«

»Verdammt hübsch, was?«

»Ja.«

»Sie haben mir hinterhergewinkt.«

»Hab ich gesehen.«

Und dann fuhren wir weiter, und ich führte das Gespräch in Gedanken weiter, erzählte von den Frauen, die ich gekannt hatte, als würde ich noch immer mit Larry reden. Ich erzählte ihm von der Stripperin Rhonda, die ich mit fünfzehn kennengelernt hatte, als ich von zu Hause ausgerissen war und auf der Kirmes jobbte. Ihr Mann hieß Tucker, und er war der Schausteller, dem das Karussell gehörte, bei dem ich arbeitete. Sein Bruder Billy mimte als Nebenattraktion einen Wilden aus Borneo. Er schmierte sich seine Glatze und das Gesicht mit brauner Schuhcreme ein und biß lebenden Hühnern den Kopf ab, wobei er die um den Käfig herumstehenden Farmer mit Blut bespritzte. An einem guten

Abend schaffte er es, daß drei Leute in Ohnmacht fielen und zwei kotzen mußten.

Rhonda war über vierzig und eine etwas stabile Blondine mit harten Augen. Ihre Sprache war schlimmer als die vieler Sergeants, die ich kannte, aber Rhonda war freundlich und sehr großzügig und nahm mich mit in ihren kleinen Wohnwagen, wenn Tucker nicht da war, und zeigte mir Dinge, von denen ich zuvor nur geträumt hatte. Erst später sollte ich die Wahrheit erfahren: von Hormonen und intensivem Körperkontakt und viel später von dem Schmerz, den die Liebe verursachen kann – die erste Jugendliebe, und dann die ältere Liebe und endlich die richtige Liebe. Mit Rhonda war es keine Liebe, obwohl ich glaubte, sie mehr zu lieben als das Leben selbst. Sie war die Lehrerin und ich der Schüler, und ich hoffe, daß sich alle ihre Wünsche erfüllt haben.

Was es mit Sex wirklich auf sich hatte, lernte ich erst von Prostituierten. Nein, Huren. Sie bezeichneten sich selbst nicht als Prostituierte, sondern als Huren, und sie waren weder zu bemitleiden, noch hatten sie das Gefühl, ausgebeutet zu werden – obwohl sie sich da was vormachten, wie ich finde. Ich hatte mit vielen Huren seltsame Beziehungen, seltsam insofern, als ich nie mit einer von ihnen geschlafen habe oder sonstwie intim war – ich fand sie sexuell nicht anziehend. Ich lernte sie über Freunde oder beim Pokern kennen, und sie wurden für mich so was wie Freundinnen.

Es fing an, als ich in der Armee war. In manchen Bordellen in Juárez wurde dauernd gepokert. Es waren riskante Pokerspiele, bei denen man höllisch aufpassen mußte, auf seine Karten und auf sich selbst, aber häufig spielten Betrunkene mit, und Betrunkene, die Poker spielen, sind fast so was wie ein Zahltag. Ich begleitete also meine Armeekumpel, wenn sie eine Nummer schieben wollten, und spielte Poker. An manchen Abenden verlor ich natürlich, womit man beim Pokern einfach rechnen muß, doch an vielen Abenden kassierte ich richtig ab – zumindest für meine damaligen Verhältnisse: ein Monatssold und mehr an einem einzigen Abend. Wenn meine Glückssträhne nachließ, legte ich eine Spielpause ein, trank Cola und plauderte mit den Huren. Die meisten von ihnen sprachen nicht gut Englisch, doch ich schlug mich mehr recht als schlecht mit meinem Straßenspanisch durch. Sie erzählten mir von ihren Familien: daß sie sich um ihre Kinder kümmern mußten und wie sie genug Geld für Miete und Essen zusammenkriegten und manchmal, wie sie sich in junge Soldaten »verliebt« hatten und mit ihnen in Wohnungen außerhalb des Stützpunktes gezogen waren, wo sie als »Regelmäßige« monatelang zur Verfügung standen. Sie sprachen über Klamotten, die sie sich gern gekauft hätten, und über Klamotten, die sie häßlich fanden, und sie erzählten, wer schwanger war und wer nicht und wer hübsch war und wer nicht, und sie redeten von bevorstehenden Geburtstagen und davon, wer auf einer Party durchgedreht war und wer in dem »Gewerbe« nichts zu suchen hatte und wer wohl niemals da rauskommen würde oder erst wenn sie zu alt war, und sie sprachen über Häuser und das Wetter und Familien zu Hause in Mexico City oder Mazatlán, aber sie sprachen nie, nicht ein einziges Mal über Sex.

Sex war und ist so machtvoll und so bedeutungslos und von so wenig echtem Wert wie Geld. Sex ist vieles: ein Geschenk und eine Ausdrucksform und (für solche Frauen) ein »Gewerbe« und ein Trieb und eine Lust und eine Möglichkeit, Kinder zu machen und Könige und Königinnen zu ruinieren, und er ist – nach dem, was ich aus meinen Gesprächen mit den Huren gelernt habe – im Grunde völlig wertlos.

Ich habe nirgends so aufrichtige Menschen kennengelernt wie diese Prostituierten. Nie so mitfühlende und fürsorgliche. Wir wurden gute Freunde, und als mir klar wurde, wie sehr ich die Armee haßte, und als ich daran dachte, abzuhauen, war es eine Hure namens Maria, die es mir ausredete. Sie saß nackt da, die großen Brüste auf einer Gitarre, während sie Cola trank und mit dem Daumen nebenbei Akkorde zupfte.

»Du lebst hier oben«, sagte sie und meinte die Vereinigten Staaten, »und du hast Köpfchen und kannst sogar manchmal denken. Alle Möglichkeiten stehen dir offen, wenn du es nicht vermasselst und gegen irgendein Armeegesetz verstößt.« Also blieb ich, und so sehr ich die Armee haßte – und noch heute hasse, wenn ich nur daran zurückdenke –, habe ich trotzdem durchgehalten, und das hätte ich nicht geschafft, wenn Maria nicht mit mir geredet hätte, mir gezeigt hätte, wer ich war, wie dumm ich war und was die Wirklichkeit war.

Die Huren hatten einen Sinn für die Wirklichkeit, der uns allen nützen würde, und daran dachte ich während meines fiktiven Gesprächs mit Larry, und ich hatte mir gerade vorgenommen, ihm abends im Motel davon zu erzählen, als ich plötzlich die Seemöwe sah.

8

DIE KANADISCHEN PRÄRIEN südlich und östlich von Edmonton sind gewaltig – wahrlich ein trockenes Meer – und unsagbar flach. Als hätte ein riesiges Lineal den Boden über viele Hunderte Kilometer bis zu den sanft hügeligen amerikanischen Prärien flachgeschabt.

Entfernungen sind immer relativ. Das erste Mal fuhr ich 1983 durch die kanadischen Prärien, mit einem 1960er Chevy-Pick-up und hintendran ein Anhänger mit zwanzig Schlittenhunden, und mußte alle drei Stunden anhalten, um die Hunde zum Pinkeln rauszulassen und damit sie sich die Beine vertreten konnten, wodurch ich im Schnitt gerade mal sechzig Kilometer pro Stunde schaffte. Es war in der ersten Januarhälfte, die Temperaturen lagen fast bei minus zwanzig Grad, und der Wind pfiff durch jede Ritze im Pick-up und suchte sich jede unbedeckte Stelle Haut, um sie einzufrieren. Die Fahrt dauerte Jahre, so kam es mir wenigstens vor, und wenn jemand mir verraten hätte, daß das erst der *leichteste* Teil des Iditarod war, hätte ich sicher kehrtgemacht.

Im August auf der Harley war es natürlich viel wärmer und bedeutend schneller, wenn auch nasser. Der Regen war uns gefolgt, und in der enormen Weite der Landschaft konnten wir Gewitterwolken schon von ferne sehen. Manchmal wichen wir auf kleine Straßen aus, um ihnen zu entgehen oder an ihren äußeren Rand zu kommen, damit wir wenigstens vom Hagel verschont blieben. Hagel auf einem Motorrad bei hundertzehn oder hundertdreißig Stundenkilometern ist fast so, als würde man eine Schrotladung abbekommen.

Aber wir waren nicht auf einer kleinen Landstraße, als ich die Seemöwe sah. Einer Möwe irgendwo mitten in Kanada zu begegnen, klingt vielleicht merkwürdig, aber ich erinnere mich, daß auf den Farmen in North Dakota, wo ich als junger Bursche arbeitete, immer irgendwelche Möwen den Trekkern beim Pflügen folgten und Würmer aus der aufgewühlten schwarzen Erde pickten. Manchmal waren die Schwärme so dicht, daß man keine zwei Meter weit hinter den Pflug sehen konnte, und sie kackten ohne Unterlaß, auf unsere Kleidung und – noch schlimmer – auf den glühendheißen Auspufftopf des Traktors; der nasse Kot dampfte und zischte, und der Qualm trieb einem ins Gesicht. Noch heute, wenn ich einen Traktor sehe, habe ich gleich wieder den Gestank von versengtem Möwendreck in der Nase.

Die Möwen – Seeleute nennen sie Ratten der Lüfte – sind überall, wo sie was zu fressen finden, also war ich nicht überrascht, als ich gut anderthalb Kilometer vor mir den weißen Vogel am Straßenrand sah. Wir waren auf einem vierspurigen Freeway, und es waren sonst so gut wie keine Fahrzeuge unterwegs. Der Straßengraben ging praktisch nahtlos in die Felder über, der Himmel war hoch, wenn auch bewölkt, und der Regen hatte vorübergehend aufgehört.

Ich schaute nach hinten, ob frei war, wechselte auf die linke Spur und nahm etwas Gas weg. Dann verlangsamte ich von etwa hundertdreißig auf hundertzwanzig oder hundertzehn und hielt beide Hände am Lenker.

Ich war jetzt etwa achthundert Meter von der Möwe entfernt. Sie befand sich ein gutes Stück neben der Straße und pickte an irgendeinem toten Tier herum. Sie wirkte ganz ruhig, und außerdem hatte sie ja ganz Kanada zur Verfügung, wenn sie wegfliegen wollte. Außer uns war praktisch niemand auf dem Freeway, und ich blickte in den Rückspiegel. Larry war gut dreihundert Meter hinter mir. Alles war, wie es sein sollte.

Rund vierhundert Meter bis zur Möwe.

Sie hockte noch immer auf dem toten Tier. Ich konnte jetzt sehen, daß es ein Kojote oder ein Hund war, nach der Farbe des Fells zu urteilen, und die Möwe mühte sich mächtig ab, irgend etwas loszureißen.

Hundert Meter.

Fünfzig Meter.

Als ich zwanzig Meter entfernt war, hüpfte die Möwe plötzlich hoch und flatterte mit ihren Flügeln, die so groß waren, daß sie aussah wie ein weißer Kondor, und obwohl die Möwe ganz Nordamerika zur Auswahl hatte, flog sie ausgerechnet direkt vor mich. Mir blieb der Bruchteil einer Sekunde, um mich daran zu erinnern, wie damals der Fasan durch die Autofrontscheibe gekracht war und den Fahrer getötet hatte, bevor die Möwe gegen mich prallte. Oder ich gegen sie. Oder wir gegeneinander. Wie auch immer, die Wirkung war dieselbe. Larry sagte hinterher, es habe ausgesehen wie ein plötzlicher Schneesturm: Möwenfedern, Möwenfleisch, Möwendreck und Möwengedärm flogen in alle Richtungen.

Der Vogel schlug knapp unterhalb des Scheinwerfers auf, und ich fuhr rund hundertzehn. Der Aufprall ließ meine Maschine erbeben, und der Kadaver – die Möwe muß auf der Stelle tot gewesen sein – flog um die Gabel herum und traf mich in die Magengrube.

Ich will mir gar nicht vorstellen, was passiert wäre, wenn die Möwe nicht zuerst gegen die Gabel geprallt wäre, denn die Wucht des Aufpralls ging dadurch größtenteils verloren. Zumindest wäre ich von der Maschine gerissen und höchstwahrscheinlich getötet worden. So jedoch hatte ich das Gefühl, von einem Esel getreten zu werden. Der Wind pfiff mir aus der Nase, und ich saugte die Luft ein, die mit Möwenstückchen vermischt war, und spürte, wie das Motorrad einen Ruck machte und durch den Aufprall fast ins Taumeln geriet. Ich schlingerte über beide Fahrspuren, bevor ich die Harley wieder unter Kontrolle hatte, und steuerte dann auf die Standspur zu, wo ich anhielt.

»Das war eine Möwe«, sagte ich zu Larry, als er neben mir hielt.

»Alles in Ordnung?«

»Ja.« Ich pflückte Möwenstücke vom Motor und der Gabel, wischte mir die Jacke ab, spuckte den Geschmack aus dem Mund. »Das arme Viech ist mir direkt vor die Maschine geflogen. Die wollte sich bestimmt umbringen.«

Larry nickte, sagte aber nichts, und wir fuhren weiter nach Norden in Richtung Edmonton. Ich roch etwas Vertrautes, das von der Maschine ausging, irgendeinen Gestank, den ich zunächst nicht einordnen konnte, der aber in mir eine gewisse Wehmut auslöste, und ich erinnerte mich wieder an Dinge, die mir völlig entfallen waren: alte, alleinstehende Farmer, die ich gekannt hatte und für die ich als junger Bursche gearbeitet hatte, Hühner, altmodische Bauernmahlzeiten. Mir wurde erst klar, was es war, als wir an einer Tankstelle hielten und mir der satte, starke Geruch nach versengtem Gefieder und Kot vom Motor ins Gesicht stieg.

Es war ein Geruch, der mich meine ganze Kindheit hindurch begleitet hatte – der Geruch von Hühnern, die auf den Farmen geschlachtet, gerupft und gebraten wurden –, aber ich dachte augenblicklich an Oscar. Oscar war ein alter, alleinstehender Farmer (ich schätze, er wird damals an die fünfundachtzig gewesen sein), der mich einen Sommer für ein paar Wochen anheuerte, damit ich ihm beim Bau eines Weidenzauns half. Es war keine schwere Arbeit, weil Oscar langsam arbeitete und ich nur mit seinem Tempo mithalten mußte. Ich grub Löcher für die Pfähle in die fruchtbare, schwarze Erde von Minnesota, und er zahlte mir drei Dollar am Tag plus Unterkunft und Verpflegung, doch als ich das erste Mal zum Essen in die Küche kam, kriegte ich fast das Würgen.

Er hatte einen alten, holzgefeuerten Herd, der die Küche im Sommer fast unerträglich aufheizte. Zu der Zeit kannte man noch keine Klimaanlagen – Oscar hatte nicht mal Strom im Haus –, und schon allein von der Hitze wäre ich fast aus den Latschen gekippt. Doch der Geruch, der vom Herd kam, war wie eine Wand, gegen die ich prallte und die mir die Luft zum Atmen nahm.

Oscar hatte in einem großen gußeisernen Topf irgendwas mit Hackfleisch gekocht. (Wie sich herausstellte, kochte er nur einmal die Woche, und wir aßen die ganze Woche davon.) Er schob den Topf zur Seite und hob die Kochplatte hoch, um Holz nachzulegen, und als sich meine Augen an das dämmerige Licht in der Küche gewöhnt hatten (ich bezweifle, daß er jemals die Fenster geputzt hat), bemerkte ich mehrere Dinge.

Als erstes sah ich die Hühner, lebende Hühner im ganzen Raum. Acht oder zehn spazierten in der Küche herum, einige saßen auf den Arbeitsflächen, und andere kamen aus einem kleinen Nebenraum herein. Die Hühner waren natürlich nicht stubenrein, und praktisch überall lag Hühnerdreck: auf dem Küchentisch, dem Fußboden, den Arbeitsplatten, und man konnte keinen Schritt machen, ohne hineinzutreten.

Dann sah ich, daß die Kochplatte zirka sieben Zentimeter tiefer als der Rest der Herdplatte war. Da holzgefeuerte Herde eigentlich flach sind, kam mir die Machart seltsam vor, bis ich feststellte, daß sich die Hühner in den kalten Wintermonaten nachts auf die sich abkühlende Herdplatte setzten, um sich dort zu wärmen. Im Lauf der Jahre war die Kotschicht zu einer steinharten Fläche angewachsen, die inzwischen zehn Zentimeter höher als die eigentliche Herdplatte war. Oscar kratzte nur die Kochplatte ab, die er benutzte, so daß sie tiefer war. Der Geruch stammte vom verbrannten und anbrennenden Hühnerdreck auf der Herdoberfläche, und wenn ich daran zurückdenke, ist es erstaunlich, daß ich mich schon nach einer halben Stunde so an den Gestank gewöhnt hatte, daß ich mich an den Tisch setzen und von einem Blechteller essen konnte (die Oscar in einem Schrank außer Reichweite der Hühner aufbewahrte). Während wir aßen, verscheuchten wir die Vögel. Ebenso erstaunlich ist es, daß ich jeden Abend in der Küche aß, jede Nacht in dem kleinen Nebenraum schlief, trotz der Geräusche von den Hühnern in der Küche, und trotzdem keinen einzigen Tag krank war.

Der Geruch von Möwenkot auf dem Motor rief mir Oscar in Erinnerung. Er soll in seiner kleinen Hütte zweiundneunzig Jahre alt geworden sein; in seinem letzten Lebensjahr wurde er angeblich ein wenig bösartig und schlachtete die Hühner, eins nach dem anderen, um sie zu verspeisen.

Wir tankten in Edmonton auf, und ich stellte fest, daß mein Spritverbrauch höher war als Larrys. Ich hatte dummerweise einen Zubehörvergaser in meine Maschine eingebaut, der den Verbrauch senken sollte. Genau das Gegenteil war der Fall. Larry brauchte mit seinem Originalvergaser knapp sechs Liter auf hundert Kilometer, ich dagegen fast acht. Zum Glück hatte meine Maschine einen Neunzehn-Liter-Tank, Larrys Tank faßte, glaube ich, fünfzehn Liter, daher mußten wir etwa zur selben Zeit tanken: alle zweihundert Kilometer mit knapp drei Litern Reserve. Ich verließ mich treuherzig darauf, was ich gehört hatte, nämlich daß der Alaska Highway im Sommer ganz anders als im Winter sei. Im Winter schließen viele Tankstellen, und es kann vorkommen, daß die nächste geöffnete Tankstelle über zweihundert Kilometer entfernt liegt – in einem Fall sogar an die dreihundert. Natürlich hätten wir für den Notfall Reservekanister mitnehmen können, aber das wäre sehr gefährlich gewesen – es hätte die Harleys sozusagen in fahrende Napalmbomben verwandeln können, falls wir sie auf die Seite gelegt und sie bei der Reibung Funken geschlagen hätten. Daher hoffte ich, daß wir nicht zu dieser Notlösung würden greifen müssen.

Ich überlegte auch, ob ich irgendwo anhalten und einen Mechaniker suchen sollte, der meinen Vergaser einstellte – ich hatte das Handbuch nicht mit und traute mir auch nicht zu, mich ohne Anleitung daran zu schaffen zu machen –, aber ich kannte keinen Mechaniker auf dem Alaska Highway. Außerdem wollte ich, wie ich zugeben muß aus chauvinistischen Gründen, keinen kanadischen Mechaniker an meine Maschine lassen: zu einem amerikanischen hätte ich einfach mehr Vertrauen gehabt.

Natürlich haben beide Länder viele Vor- und manche Nachteile, und die meisten Kanadier, die ich kennengelernt habe, entweder im Land selbst oder in Florida (wohin im

Winter so viele Kanadier fahren, daß dort für sie sogar kanadische Zeitungen nachgedruckt werden, damit sie nicht aus Kanada eingeführt werden müssen), waren wirklich charmant, liebenswürdig und gastfreundlich.

Aber es gibt Ausnahmen, und die waren besonders unangenehm, als ich damals meine Hunde im Pick-up durch Kanada transportierte und der Wagen alle naslang eine Panne hatte und repariert werden mußte. Die kanadischen Mechaniker ruinierten mich finanziell, und die Arbeit, die sie leisteten, war überwiegend schlampig und nutzlos, und ich hatte keine Lust, meine Harley einem von ihnen anzuvertrauen, der vielleicht nicht zu würdigen wußte, wie kompliziert das Verhältnis zwischen Motor, Landstraße und Seele war.

In Amerika hat der Mechanikerberuf eine fast religiöse Seite, die in anderen Ländern offenbar nicht existiert; ein anscheinend im Erbgut angelegtes Verständnis von Autos, Motoren, Geschwindigkeit, verbunden mit der Einstellung, daß man mit den einfachsten Mitteln alles wieder zum Laufen kriegt, daß alles machbar ist, eine Haltung, die allgemein verbreitet ist und vielleicht zur treibenden Kraft der männlichen Kultur Amerikas geworden ist. Wir, so sagt man, kriegen das schon hin.

Während des Zweiten Weltkrieges fragte Hitler einmal Speer und seine anderen Berater, wie viele Flugzeuge die Vereinigten Staaten produzieren könnten, wenn sie in den Krieg einträten. Zu der Zeit schaffte Deutschland etwa zweitausend Flugzeuge jeden Typs im Monat, etwa zwanzigtausend im Jahr, und als Speer erwiderte, Amerika würde wahrscheinlich an die fünfzigtausend im Jahr produzieren können, erklärte Hitler ihn für verrückt. »Das schafft keiner …«

Tatsächlich stellten die USA auf dem Höhepunkt der Produktion nahezu fünfzigtausend im *Monat* her, neben Liberty-Schiffen, mehreren tausend Panzern und soviel Zubehör, daß sie nicht nur ihren eigenen Bedarf decken, sondern auch England, Frankreich und Rußland versorgen konnten.

Diese Fähigkeit ist noch immer vorhanden, und obwohl in sogenannten »intellektuellen« Kreisen gern Witze über verdreckte Farmer und über Mechaniker mit schmutzigen Fingernägeln gerissen werden, sind die Witzereißer in der Regel Leute, die mit Flugzeugen fliegen, die sie nicht bauen können, mit Autos fahren, die sie nicht reparieren können, in Häusern leben, die sie nicht errichten können, und die Nahrung zu sich nehmen, die sie nicht anpflanzen können. Irgendwann wird es sehr schwierig, solche Leute nicht als Parasiten zu betrachten, die die Frechheit besitzen, ausgerechnet von dem Wirt zu leben, über den sie sich lustig machen.

Also behielt ich meinen defekten Vergaser bis Dawson Creek, dem offiziellen Anfang des Alaska Highway, wo ich feststellte, daß tatsächlich Benzin durch den Luftfilter aus dem Vergaser tropfte, so daß ich versuchen mußte, ihn selbst zu reparieren. Ich dachte, es würde Stunden dauern, aber es gab da eine Einstellschraube, die verheißungsvoll aussah, und ich zog sie etwas an und ließ den Motor ein wenig laufen, und siehe da, das Tröpfeln hörte auf und kam auch nicht wieder.

Anscheinend, dachte ich mir, werden die amerikanischen Mechanikerfähigkeiten tatsächlich vererbt.

9

MEINE ZWEIMALIGE TEILNAHME AM IDITAROD, die ganze damit verbundene Mühe – die Hunde trainieren, sie nach Alaska und quer durch Alaska schaffen, in logistischer Hinsicht ein wahrer Alptraum – hätte sich nicht gelohnt, wenn mir die Hunde nicht solch eine Liebe entgegengebracht hätten und wenn das Land nicht wäre.

Als ich das erste Mal den Alaska Range, westlich vom Mount McKinley (oder Denali, wenn man ein politisch korrekter Mensch ist) mit dem Hundeschlitten überquerte, fuhr ich eine Zeitlang zusammen mit einem Mann namens Ted English. Ted hatte das Rennen schon einmal mitgemacht, und er und seine Frau Lois waren für mich eine große Hilfe – ja, wahrscheinlich hätte ich es ohne ihre Hilfe nicht geschafft. Ich weiß noch, wie ich oben auf dem Gebirgszug anhielt, oberhalb der Baumgrenze am Rainy Paß, bevor es wieder bergab ging, mit meinem Gespann inmitten der unglaublich weißen Gipfel in der hellen Mittagssonne stand, von der Schönheit absolut überwältigt, und zu Ted sagte: »Mein Gott, sieh dir das an. Sieh dir das bloß an.«

Und Ted sah es sich an und lächelte, gab einen kurzen Kommentar von sich und machte sich dann wieder an den Hunden zu schaffen, wie ich auch. Aber ich konnte die Schönheit nicht abschütteln. Die Navajo haben ein Gebet, das lautet:

Über mir ist Schönheit,
Unter mir ist Schönheit,
Links von mir ist Schönheit,
Rechts von mir ist Schönheit,
Vor mir ist Schönheit,
Hinter mir ist Schönheit,
Ringsherum ist Schönheit.

So erging es mir auf beiden Iditarods: Während des gesamten Rennens, selbst beim fürchterlichsten Sturm (mitunter blies der Wind so stark, daß er einem die Lider von den Augäpfeln saugte und Schnee reinwehte) war ich erfüllt von Schönheit, und dann dachte ich, und ich denke es noch heute, daß jeder einmal in seinem Leben am Iditarod teilnehmen sollte.

Wenn Sie das nicht können – aus welchem Grund auch immer, einem echten oder einem vorgeschobenen –, gibt es für Sie eine einfachere Möglichkeit: Fahren Sie den Alaska Highway, möglichst auf einem Motorrad oder wenigstens in einem Auto oder einem Pick-up, und zwar unbedingt bei *geöffneten Fenstern*! (Warum, dazu gleich mehr.)

Auf dem Highway finden Sie die gleiche Schönheit wie auf dem Iditarod, und das wohl noch einige Zeit (obwohl die Bebauungsplaner und Leute mit Geld daran arbeiten, sie zu zerstören), und was immer Sie auch Wichtiges im Leben zu tun glauben, geben Sie's dran, borgen Sie sich das Geld oder stehlen Sie es, und machen Sie diese Tour. Sofort. Hören Sie auf zu lesen, ziehen Sie los, und kaufen Sie sich eine Harley, und sehen Sie zu, daß Sie wegkommen, bevor aus dem heißen Atem, den Sie am Hals spüren, Zähne werden und Ihr Leben Sie umbringt.

Wenn Sie Glück haben, wird das Land Sie zu Ihrem Vorteil verändern und Sie von all dem Schwachsinn befreien, der offenbar den zentralen Kern des »normalen« Lebens ausmacht. Wenn Sie Pech haben, wird genau dasselbe passieren: Sie werden die Eintönigkeit des Alltags nicht mehr ertragen können und mehr wollen, Sie werden *alles* wollen, was es zu sehen und zu hören und zu haben gibt. Und vielleicht ist das ja auch ein Glück.

Wenn man Dawson Creek hinter sich läßt, kommt erst eine ziemlich harmlose Strecke von noch mal gut dreihundert Kilometern. An der Straße gibt es überall Rastplätze und Hütten und Motels und Touristenfallen, und der Highway mit seinem breiten Standstreifen sieht aus wie geleckt. Zwar ist das Land in der Ferne mit den dicht bewaldeten kleinen Bergen durchaus schön, doch es wirkt noch immer irgendwie beherrscht.

Dann kommt man einen langen geschwungenen Hügel hinab und überquert eine Brücke über einer Schlucht. Die Brücke hat Lücken zwischen den Metallplatten, so daß man hindurchsehen kann, wenn man direkt nach unten blickt, was auf einem Motorrad höchst beunruhigend ist. Man hat das Gefühl, sich in dünner Luft zu bewegen, und es geht verdammt tief nach unten. Hinzu kommt, daß die kleinen Metallwülste die Reifen packen und die Maschine leicht ins Schlingern bringen, so daß man nicht genau weiß, ob man sie noch unter Kontrolle hat, und deshalb ständig auf der Hut ist und sich fragt, ob *alle* Brücken so sind und wie viele davon man bis Alaska noch überqueren muß.

Doch sobald man von der Brücke runter ist, verändert sich alles irgendwie, und man ist plötzlich auf dem richtigen Alaska Highway und von der Schönheit des Landes umfangen. Es gibt natürlich viele schöne Orte auf der Welt, und ich kann mich glücklich schätzen, einige davon gesehen zu haben, mehr als die meisten Menschen. Ich habe Alaska mit dem Hundeschlitten kennengelernt, den Pazifik, die Sea of Cortés und die Fjorde von Alaska mit dem Segelboot befahren, aber die Wälder im Norden und die Art, wie der Highway durch sie hindurchführt, hat etwas wahrhaft Ehrfurchtgebietendes.

Ich fahre mit der Harley gerne schnell, wenn die Straße es zuläßt, aber der Highway ist unglaublich kurvenreich: zweitausendneunhundert Kilometer mit zum Teil sehr engen Serpentinen, an deren Seiten es häufig über dreihundert Meter steil in die Tiefe geht, und so mußte ich das Tempo drosseln. Doch auch die Landschaft war vielleicht der Grund dafür, warum ich langsamer fuhr, manchmal fast anhielt.

Seltsam ist, daß ich die Straße schon zweimal im Winter gefahren war, aber beide Male eigentlich nichts mitbekommen hatte. Zum Teil wegen des Wetters – es schneite ununterbrochen, und wir konnten kaum hundert Meter weit sehen –, zum Teil aus Panik. Die Straßen werden im Winter nicht richtig geräumt, so daß auf dem Straßenbelag (entweder Asphalt oder Schotter, je nachdem, wo man ist) eine dünne Schicht festgebackener Schnee oder Eis liegt. Wenn man in einem alten Chevy-Pick-up mit Anhänger, der mit zwanzig Hunden beladen ist, mit höchstens fünfundzwanzig Stundenkilometern und knirschenden Schneeketten an den Hinterrädern auf purem Eis dahinkriecht, während einem schwerbeladene Lastzüge in engen, unübersichtlichen Kurven mit einem Affenzahn entgegenkommen, und das bei Schneesturm, tausend Meter tiefen Abhängen und mit Fenstern, die bei minus fünfundvierzig Grad fast zugefroren sind, – dann erinnert man sich nicht nur daran, daß man schon lange nicht mehr das Recht hat, Gott um Hilfe zu bitten, sondern hat auch nicht gerade die Muße, sich die wunderschöne Landschaft anzusehen. Außerdem ist es im Winter fast die ganze Zeit dunkel.

Es regnete noch immer jeden Tag. Im Gegensatz zu den Prärien, wo der Regen mit heftigen Gewittern einherging, so daß man auf dem Alaska Highway so gut wie nichts mehr sehen konnte oder anhalten mußte, hatten wir es hier häufiger mit Sprühregen oder milden Schauern zu tun. Unsere Kleidung war nach wie vor ständig klamm, und bei mir bildete sich bereits jede Menge verschiedener Pilze, doch in dem sanften Regen wirkte die Landschaft noch üppiger, geheimnisvoller und reizvoller, in dem satten, dunstüberhauchten Grün und bei den tiefhängenden Wolken, die manchmal unter uns lagen, wenn wir besonders hoch kamen. Es war, als würden wir durch eine Phantasiewelt fahren.

Die Straße windet sich zwischen kleinen und großen Bergen hindurch, mit Gipfeln, von denen viele das ganze Jahr hindurch schneebedeckt sind, und zwischendurch, wenn die Straße in großer Höhe verläuft, kann man kilometerweit sehen, so weit das Auge reicht: Tausende, Millionen von Quadratkilometern mit nichts als reiner Wildnis, wie sie seit Millionen von Jahren besteht. Der Wald wird (noch) nicht holzwirtschaftlich genutzt und ist daher weitgehend unangetastet – neben den tropischen Regenwäldern (die ja rasend schnell zerstört werden) vielleicht das letzte Fleckchen unberührter Natur auf Erden. Sogar der riesige sibirische Wald ist vollständig abgeholzt worden und besteht nur noch aus Bäumen zweiter, dritter, höchstens vierter Generation.

Das hier, so dachte ich, während ich durch meine Motorradbrille blickte, das hier ist *altes* Land. Reines Land. Gott, es war so schön, daß ich immer wieder dachte: Da hältst du einfach an und gehst nie wieder weg. Nein, da. Genau da. Da drüben an dem Wasserfall. Ja, da …

Und dann trafen wir auf etwas, was sich als der schlimmste und gefährlichste, ja lebensbedrohlichste Aspekt der ganzen Fahrt erweisen sollte.

Wohnmobile.

10

IM WINTER wimmelt es auf dem Highway nur so von Lastzügen, und sie fahren schnell, weil sie Geld machen müssen. Daher stellen sie sowohl für andere Fahrer als auch für die Trucker selbst ein großes Risiko dar. Ich habe etliche Stellen gesehen, wo sie von der Straße abgekommen und mehrere hundert Meter in die Tiefe gestürzt sind. Die Leichen wurden geborgen, doch die Wracks werden für alle Zeiten da unten liegenbleiben. Aber die Trucker sind in den meisten Fällen Profis, kennen den Highway wie ihre Westentasche und fahren entsprechend.

Ich will nicht behaupten, daß *jeder* Mensch, der ein Wohnmobil kutschiert, ein altes Arschloch ist (und das sage ich *als* altes Arschloch) und vom Autofahren soviel versteht wie ein Hahn vom Eierlegen – ein Gedanke, der mir auf der Fahrt viele hundert Male gekommen ist, zusammen mit noch treffenderen, nicht ganz so harmlosen Vergleichen.

Doch die meisten, die auf dem Alaska Highway unterwegs sind, fallen durchaus in die Kategorie »Arschloch«, und ihre gottverdammten Kisten sind die reinste Seuche. Sobald das Wetter schön wird, scheinen alle Wohnmobilbesitzer irgendeinem genetischen Code zu folgen, der ihnen sagt, sie sollten den Alaska Highway hochfahren, damit sie sich einen von diesen blöden Aufklebern (»I survived the Alaska Highway«) auf ihr Gefährt heften können. Sie sind wie die Lemminge, bloß daß es bei den meisten von ihnen mit den kognitiven Fähigkeiten nicht ganz so weit her ist. Und so fahren sie, besser gesagt: sie kriechen in Scharen dahin, quasseln über CB-Funk, mit geschlossenen Fenstern, so daß sie nicht richtig sehen können, wechseln die Fahrspur, ohne zu gucken oder zu blinken, und verstopfen den Highway dermaßen, daß die Trucks ihn im Sommer meiden und warten, bis das Wetter schlechter wird und die Wohnmobile eine andere Gegend ansteuern, um sie kaputtzumachen.

Einmal habe ich vierzig Wohnmobile gezählt, die hintereinander zum Stehen kamen, weil das erste in der Reihe sich nicht traute, schneller als mit drei oder fünf Stundenkilometern um eine Kurve zu fahren, und einen Rückstau von anderthalb Kilometern verursachte.

Wenn sie bloß den Verkehr aufhielten, wäre das Ganze ja nur halb so schlimm. Wir waren mit Motorrädern unterwegs und konnten sie problemlos überholen, wenn sie nicht gerade in *beide* Richtungen Staus verursacht hatten, weil irgendein Idiot Mist gebaut hatte.

Aber viele Wohnmobilfahrer stellen eine Gefahr da, weil sie ihr Gefährt nicht beherrschen oder nicht richtig aufpassen. Auf dem Highway fuhren viele Motorräder: überwiegend Honda Gold Wings, ein paar BMWs und (wenn ich mich recht erinnere) zwei weitere Harleys. Einmal habe ich gesehen, wie ein junger Mann auf einer BMW zum Überholen eines Wohnmobils ansetzte, das ohne ersichtlichen Grund urplötzlich auf die linke Spur wechselte und den Motorradfahrer praktisch von der Straße drängte. Die BMW schoß wie eine Gazelle über den Seitenstreifen, und der Fahrer schaffte es irgendwie, die Maschine vorne hochzureißen, wobei er dem Fahrer des Wohnmobils den Stinkefinger zeigte (wovon der natürlich nichts mitkriegte). Dann krachte er mit der BMW sechs Meter tief eine steinige Böschung runter, prallte zweimal auf und kam dann wieder die Böschung hochgebraust, ohne die Maschine auf die Seite zu legen. Es war das meisterhafteste Fahrkunststück, das ich je gesehen habe, aber der Fahrer war zu Recht mit den Nerven fertig. Zweihundert Meter weiter wäre keine Böschung gewesen, dort ging es über hundert Meter steil in die Tiefe, was er mit Sicherheit nicht überlebt hätte.

Wäre das ein Einzelfall gewesen oder wäre dergleichen nur ab und zu mal vorgekommen, wäre es nicht so schlimm gewesen. Aber es war die Regel. Larry und ich sind etliche Male mit knapper Not davongekommen, und nach einer Weile waren Wohnmobile für uns so was ähnliches wie dumme Kobras – furchterregend und tödlich – und noch heute sträuben sich mir die Nackenhaare, wenn ich so ein verdammtes Ding auch nur von weitem sehe.

Die vielen Staus, die Wohnmobile verursachten, hatten allerdings einen Vorteil. Wenn sie sich nämlich wieder mal alle irgendwo zusammendrängten, weil sie warten mußten, bis einer von den Fahrern seinen Pudel Gassi geführt hatte (ob es irgendeinen Code gibt, der verlangt, daß sie *alle* einen Pudel haben?), war der Highway dahinter frei. Wir fuhren dann ganz, ganz vorsichtig an ihnen vorbei, Wohnmobil für Wohnmobil, bis wir das vorderste überholt hatten, und danach hatten wir vielleicht für die nächsten acht bis zehn Kilometer freie Fahrt – bis zum nächsten Stau.

Der Highway ist eine ewige Baustelle. Wie die Golden Gate Bridge in San Francisco, die ja angeblich ständig gestrichen wird, weil die Anstreicher, wenn sie an einem Ende fertig sind, gleich wieder am anderen anfangen können.

Beim Highway ist es genauso, vor allem in Kanada, wo ja

der Großteil verläuft. Dort, wo gerade gearbeitet wird, ist er meistens unbefestigt. Inzwischen ist fast der ganze Highway asphaltiert und sicherlich sehr viel besser zu befahren als zu der Zeit, als er von Anfang bis Ende unbefestigt war. An allen Tankstellen und auf den Rastplätzen hängen Fotos vom Bau des Highway, mit dem 1942 begonnen wurde. Für die Arbeiter damals muß das Gelände furchtbar beängstigend gewesen sein. Die technischen Hilfsmittel waren begrenzt, das Wetter oft grausam, und schon das Vorhaben – einen Highway durch über dreitausend Kilometer rauhe, gebirgige Wildnis zu bauen – war für viele Arbeiter schier unvorstellbar. So eine Strecke zu Fuß oder mit dem Hundeschlitten zu bewältigen, was in dem Land keine Seltenheit war, ist schon allerhand, aber eine das ganze Jahr hindurch brauchbare Straße zu bauen, und zwar über Berge und durch Sümpfe hindurch, grenzt ans Unmögliche. Daß die Arbeiter das geschafft haben, ist eine Meisterleistung, die für mich eindeutig zu den Weltwundern zu zählen ist.

Der Highway ist mittlerweile fast vollständig domestiziert (natürlich, sonst hätten die Scharen von Wohnmobilen auf ihm wohl kaum eine Chance), doch als wir ihn befuhren, waren rund hundertzehn Kilometer im schlechten Zustand oder unbefestigt. Wären diese hundertzehn Kilometer an einem Stück gewesen, hätten wir es einfacher gehabt, doch sie verteilten sich: anderthalb Kilometer hier, drei Kilometer dort, wieder neun Kilometer woanders. Zwar gab es Warnschilder für diese kurzen Abschnitte, doch da es fast ununterbrochen regnete, konnte ich nur schlecht durch die Motorradbrille sehen, und »Warnschilder« heißt in der Regel nur ein einziges.

Die Folge war, daß ich mehrmals mit achtzig Stundenkilometern und beschlagener Brille in eine Biegung fuhr, das

Schild komplett übersah und plötzlich in zehn Zentimeter tiefen Schlamm geriet, und das mit einer Maschine, die sich mit einem Gesamtgewicht von über dreihundert Kilo in die Kurve legte.

Die Auswirkung war vorhersehbar, augenblicklich und äußerst dramatisch. Eine Straßen-Harley auf einem befestigten Highway ist ein wunderbares Gerät – bequem, leistungsstark, gut ausbalanciert und leicht zu fahren. Auf einer rutschigen Schlammstraße und in die Kurve gelegt, verwandelt sich dieselbe Maschine in ein Monster, das einfach nicht mehr zu kontrollieren ist und anscheinend nur ein einziges Anliegen hat: sich auf die Seite zu legen und dich so schnell und so fest sie kann mit dem Hintern und dem Gesicht in den Schlamm zu befördern.

Als ich das erste Mal auf dem Alaska Highway so eine plötzliche Landung hinlegte, hatte ich Schlamm in den Ohren, in den Augen, im Hosenbein, im Mund und sogar in den Handschuhen und war von oben bis unten mit Schlamm bedeckt, ebenso wie das Motorrad. Ich konnte nichts mehr sehen, und als ich noch dabei war, mir den Dreck aus den Augen wischen, kam Larry mit besorgter Miene angelaufen.

»Alles in Ordnung?«

Ich sagte etwas sehr Markantes und Anschauliches und fügte dann hinzu: »Würdest du mir bitte helfen, die Maschine von meinem Bein zu heben?«

Larry tat es, und ich brauchte eine gute halbe Stunde, um mich zu reinigen und zu überprüfen, ob nichts kaputtgegangen war – weder an mir noch am Motorrad. Dann ließ ich den Motor wieder an (ich war beim Sturz an den Kill-Schalter am Handgriff gekommen), setzte mich auf die Maschine, legte den Gang ein und ließ *langsam* den Kupplungshebel los, bis der Motor zog und das Hinterrad sich drehte.

Und prompt legte ich mich wieder hin, diesmal in die andere Richtung.

Ich bin mal mit dem Hundeschlitten über einen See gefahren und in der Mitte auf nacktes, frisches Eis gekommen, das in etwa so glatt war wie Glas mit Öl drauf, und ich habe beobachtet, wie die Hunde sich abstrampelten und ausrutschten und hinfielen, bis sie es endlich geschafft hatten, den Schlitten wieder auf Schnee zu ziehen.

Jetzt war es für mich genauso. Nachdem ich das zweite Mal umgekippt war, hatte ich das Gefühl, die Harley wollte sich unbedingt auf die Seite legen. Ich schaffte es einfach nicht, sie oben zu halten. Larry half mir erneut, die Maschine aufzurichten, ich legte mich wieder hin und noch einmal, und so nett und geduldig Larry auch war, er dachte bestimmt, daß ein Paar Stützräder vielleicht gar keine schlechte Idee gewesen wären oder daß wir bei dem Schneckentempo eine Ewigkeit bis nach Alaska brauchen würden.

Schließlich entwickelte ich eine Methode, die zu funktionieren schien. Sobald ich die Maschine wieder startklar hatte, legte ich den Gang ein, ließ langsam die Kupplung kommen und versuchte dann nicht, die Maschine zu korrigieren, sondern ließ sie einfach dahin fahren, wohin sie wollte. Beim Korrigieren war ich nämlich jedesmal gestürzt; wenn ich mein Gewicht von einer Seite zur anderen verlagerte oder das Vorderrad schnell einschlug, landete ich unweigerlich im Dreck.

Natürlich kam es auf diese Weise zu interessanten Abstechern im Zickzackkurs, wenn ich die Maschine entscheiden ließ, wo es langging, doch ich stellte fest, daß sie reagierte, wenn ich lediglich an die Korrektur *dachte* und sie mir verkniff (ich weiß, wie sich das anhört: als ob ich reif für eine Therapie gewesen wäre, aber es funktionierte).

Larry stürzte nie. Kein einziges Mal. Ich dagegen legte mich so oft auf die Schnauze, daß man mich als Pflug hätte benutzen können, und obwohl Larry mir erklärte, wie er es hinkriegte, nicht zu stürzen, waren bei mir Hopfen und Malz verloren, und schließlich fand ich mich damit ab und redete mir ein, daß unsere Maschinen wahrscheinlich unterschiedliche Schwerpunkte hatten oder daß mein Schlammkarma kosmisch vorherbestimmt war.

Ich war jedoch nicht allein. Auf einem Streckenabschnitt trafen wir während eines besonders heftigen Regengusses einen alten Mann, dessen Honda Gold Wing auf der Seite im Schlamm lag. Gold Wings sind gute Maschinen – keine Harleys, aber gute Maschinen – mit einigen Annehmlichkeiten wie verstellbaren Stoßdämpfern, Tempomat, Stereolautsprechern an Vorder- und Rücksitz oder einer Lüftungsanlage, die einem warme Luft auf die kalten Beine bläst. Allerdings haben sie einen relativ hohen Schwerpunkt (wie auch die BMW und die meisten anderen Motorräder), und es sind große, schwere Sechs-Zylinder-Maschinen. Das alles hat zur Folge, daß sie, wenn sie einmal am Boden liegen, auch am Boden bleiben wollen. Sie wieder aufzurichten ist eine Mordsarbeit.

In diesem Fall kam erschwerend hinzu, daß die Honda nicht nur einfach auf dem Seitenstreifen umgekippt war, als der Ständer im schlammigen Boden eingesunken war, sondern auch noch ein Stück die Straßenböschung hinuntergerutscht war, so daß sich der Schwerpunkt der Maschine oben befand.

Wir hielten an, um mit anzupacken. Außer uns halfen noch zwei andere Männer mit plus der Fahrer, und wir schafften es mit Müh und Not, die Maschine wieder auf die Räder zu bringen.

»Ich bin den Highway sonst immer mit einer Harley gefahren«, sagte der alte Mann. »Ich fahre den Highway jedes Jahr, und bis letztes Jahr immer mit einer Harley, aber dieses Jahr habe ich beschlossen, eine Gold Wing zu nehmen, weil die Harley so arbeitsaufwendig und wartungsbedürftig ist. Scheiße ...«

Die Baustelle an diesem Straßenabschnitt war besonders unangenehm – eigentlich die unangenehmste Baustelle auf der ganzen Strecke. Raupen und andere schwere Baufahrzeuge donnerten vorbei und schleuderten Schlammbrocken hoch, dazu goß es in Strömen. Ich war bereits gestürzt und hatte noch etliche Beinahstürze vor mir, als ich plötzlich in die fünfzehn Zentimeter tiefen Spuren von Baufahrzeugen geriet, und auf den nächsten zehn Kilometern durch den Dreck erschöpfte ich fast meinen ganzen Lebensvorrat an Flüchen. Irgendwann sah ich, daß an manchen Stellen Ein-Rad-Spuren auf den Seitenstreifen führten und daß die Vertiefungen im Schlamm eindeutig von einem gestürzten Motorrad herrührten, und ich dachte mit aufrichtigem Mitleid, daß es tatsächlich jemanden gab, der sich noch öfter mit seiner Maschine hinlegte als ich.

Später am selben Tag hielten wir an einer Tankstelle neben einem kleinen Café. Die Straße war seit siebzig oder achtzig Kilometern wieder gut befahrbar gewesen, so daß ich den Schlammgeschmack im Mund fast losgeworden war. Als wir auf die Tankstelle fuhren, sah ich etwas abseits eine Harley Dresser stehen. Sie war regelrecht mit Schlamm beschmiert, und auf dem Rücksitz mit den kleinen Armlehnen saß eine junge Frau, die ebenfalls voller Schlamm war und einen Helm mit einem Plexiglasvisier trug, das bis auf einen halb durchscheinenden Schmierstreifen vor den Augen dreckverkrustet war.

Meistens können die Leute es kaum erwarten, von ihren Motorrädern zu kommen, wenn sie an einer Tankstelle sind, vor allem bei Regen und wenn sich ihre Maschine ein paarmal hingelegt hat (wie diese Dresser ganz offensichtlich), und erst recht, wenn sich an der Tankstelle ein Café befindet, wo es was Warmes zu essen und Kaffee gibt.

Aber diese Frau saß aufrecht und steif da, starrte geradeaus und antwortete nicht, als ich hallo sagte. Ich überlegte, ob ich sie ansprechen und ihr meine Hilfe anbieten sollte, doch sie wollte anscheinend allein sein, und als sie wegschaute, konnte ich seitlich in ihr Visier sehen, und ich merkte, daß ihr Gesicht vor Wut rot angelaufen war.

Ich ging weiter und folgte Larry ins Café, wo wir einen Kaffee trinken, einen Happen essen und uns von der Kälte draußen (es roch nach Schnee) etwas aufwärmen wollten. Zu meinem Erstaunen sah ich einen jungen Mann an der Theke sitzen. Er trug einen schlammbespritzten Regenanzug, hatte den Helm auf den Hocker neben sich gelegt und aß eine komplette Mahlzeit (die meisten Cafés servierten köstliche, hausgemachte Gerichte in riesigen Portionen).

Ohne Zweifel gehörte er zu der jungen Frau – die Harley Dresser war außer unseren Maschinen das einzige andere Motorrad –, und er nickte und lächelte, als wir Platz nahmen. »Fahrt ihr rauf oder runter?« fragte er – das war die häufigste Frage, die wir auf der Fahrt zu hören bekamen.

»Rauf«, sagte ich, »und dann wieder runter.«

»Wir fahren rauf«, sagte er und nahm eine Gabel voll von seinem Essen. »Falls sie noch auf der Maschine sitzt. Ist sie noch da draußen?«

Ich nickte. »Die Frau auf dem Motorrad? Ja, die sitzt noch da.«

»Wir sind in den Flitterwochen«, sagte er. »Wir kommen aus Boston.«

»Sie wirkt ... sauer.«

Er nickte. »Sie hat ein bißchen Angst gekriegt, als wir uns das dritte Mal hingelegt haben. Hinten im Schlamm. Sie sagt, sie steigt erst wieder von der Maschine, wenn wir an einem Flughafen sind, dann fliegt sie nach Hause. Die Fahrt ist nicht ganz so, wie sie sich das vorgestellt hat.«

Das ist sie nie, dachte ich. Es heißt, daß keine Ehe drei Iditarods überlebt und daß La Paz in Mexiko die Scheidungshauptstadt für Männer ist, die ihre Frauen auf einen Segeltörn nach Baja und um Cabo San Lucas herum mitnehmen, wo sie dann erstmals auf die Nordwestwinde aus dem Golf von Kalifornien treffen. Vielleicht sollte eine Motorradfahrt bei Regen (und wann regnet es nicht?) den Alaska Highway hinauf in dieselbe Kategorie eingeordnet werden.

Die wenigsten können sich vorstellen, was sie erwartet, und wenn es ungemütlich wird – und das ist nun mal bei vielen strapaziösen Unternehmungen der Fall –, wirkt es sich auf Frauen irgendwie schlimmer aus. Natürlich ist es die Schuld der Männer, wenn sie vorher nicht die Wahrheit darüber gesagt haben (die ganze Wahrheit und nichts als die Wahrheit), was für Schwierigkeiten eintreten könnten.

»Ich hab mich ein paarmal hingelegt«, sagte ich. »Es muß anstrengend sein, mit zwei Personen auf einer Maschine durch den Schlamm zu fahren.« Schier unmöglich, dachte ich.

»Ja, ich hätte ihr wohl sagen sollen, daß es ein bißchen holprig wird«, sagte er lächelnd, während er sich eine Gabel voll Kartoffelbrei in den Mund schob. »Aber dann wäre sie gar nicht erst mitgekommen, verdammt. Sie wird schon drüber hinwegkommen.«

Nein, dachte ich. Wird sie nicht. Die Frauen sagen zwar, daß sie drüber hinwegkommen werden, und vielleicht meinen sie es auch so, wenn sie es sagen, aber sie kommen nicht drüber hinweg, niemals. Sie sparen es sich für später auf, wenn man nicht mehr damit rechnet. Unter Umständen warten sie jahrelang, bis sie die Bombe platzen lassen. Zumindest hab ich es so erlebt. Doch dann dachte ich, wie negativ diese Denkweise war und daß die junge Frau wahrscheinlich nach einer Weile die Verbitterung verlieren würde, die sie jetzt empfand, und vergessen würde, wie ihre Flitterwochen waren und daß er sie angelogen hatte, sie *in ihren Flitterwochen angelogen hatte.*

Aber wir waren eine gute halbe Stunde da und sahen zu, wie der junge Mann aufaß. Er schien es nicht eilig zu haben, und als wir das Café verließen, unsere Maschinen auftankten und losfuhren, saß die Frau noch immer stocksteif auf dem Motorrad und wartete, daß er herauskam und sie zu einem Flughafen brachte. In Anbetracht der Tatsache, daß sich der nächste richtige Flughafen erst in White Horse im Yukon Territory befand, hatte sie noch eine verdammt lange Fahrt auf dem Rücksitz der Harley vor sich, und es gab noch viele Schlammabschnitte auf der Strecke.

11

DAS LAND WURDE, wenn eine Steigerung überhaupt möglich war, noch wilder. Wir kamen zur Tankstelle, die den höchsten Paß auf dem Alaska Highway markierte, und ich weiß noch, daß ich damals, als ich im Winter die Hunde transportierte, gedacht hatte, ich hätte an dieser Stelle den schlimmsten Teil der Strecke hinter mir. Ich irrte mich. Mit dem alten Pick-up brauchten wir bei Schneestürmen und bei Temperaturen zwischen fünfundvierzig und fünfzig Grad unter Null noch vier Tage allein bis Alaska und mußten dann weiter nach Anchorage, von dort den Iditarod nach Nome bewältigen, die Hunde von Nome mit dem Flugzeug zurück nach Anchorage und von dort mit dem Pick-up wieder nach Minnesota bringen. Noch heute verursacht die ganze Logistik, die mit Hundeschlittenrennen verbunden ist, bei mir Alpträume: Horrorträume von endlosem Papierkrieg, Verhandlungen mit Fluggesellschaften und Mietwagenfirmen und unhöflichen Grenzbeamten, schreckliche Träume, in denen die Arbeit kein Ende findet und nichts dabei herumkommt. Häufig träume ich dann auch, daß ich mich betrunken habe und wieder zur Armee muß (wo ich nicht gerade einer der Glücklichsten war) und es erst merke, als ich aus dem Truppentransportzug steige und ein Sergeant mit einer Statur wie Herkules und einem Kopf so groß wie eine Orange mich einen miesen Wurm nennt und mir befiehlt, zweitausend Liegestütze zu machen.

Es war so viel ... friedlicher auf dem Motorrad, allein mit dem Brausen des Windes und dem verläßlichen Brummen des Motors unter mir.

Je länger man draußen im Freien ist, desto schwieriger wird es, sich in geschlossenen Räumen aufzuhalten. Natürlich ist es umgekehrt genauso, doch sobald man den Sprung vom ständigen Leben in Gebäuden zu einem Leben (und ich meine wirklich ein Leben, nicht bloß einen Spaziergang) im Freien gemacht hat, sind einem geschlossene Räume nahezu unerträglich. Wenn ich auf Geschäftsreisen in New Yorker Hotels absteige, schlafe ich nach wie vor bei geöffnetem Fenster – im Winter wie im Sommer –, und wenn ich weder die Sonne noch den Himmel sehen kann, fühle ich mich verloren, emotional, psychisch und physisch verloren. Jetzt auf der Fahrt spürte ich es ganz stark, das Bedürfnis, draußen zu sein und nie wieder, niemals drinnen, stets diesen Wind und diesen Regen zu haben, und ich dachte wieder, ich würde es gern Larry erzählen, doch der Tag verging, und andere Dinge passierten, und ich vergaß es.

Wir kamen an eine Unfallstelle. Buchstäblich mitten in der abgelegensten Gegend im Yukon Territory sahen wir, als wir um eine Biegung kamen, einen völlig ausgebrannten Toyota-Van etwas abseits der Straße stehen. Hätte ich es nicht mit eigenen Augen gesehen, hätte ich es wohl nicht geglaubt. Alles, was an dem Wagen brennen konnte, war in Flammen aufgegangen, so daß nur noch ein Metallgerippe auf den Stahlfelgen stand – sogar die Reifen waren weg –, und ich war sicher, daß jeder, der sich in dem noch schwelenden Wrack befunden hatte, tot war.

Doch als wir näher kamen, sah ich eine Familie daneben stehen – einen Mann, eine Frau und ein Kind –, und alle drei hatten den bestürzten Ausdruck im Gesicht, den Menschen nach einem Unfall nun mal haben. Natürlich hielten wir an, doch wir konnten nicht mehr tun, als unser Bedauern auszudrücken. »Der Wagen fing plötzlich an zu qualmen«, sagte der Mann. »Ich fuhr rechts ran, und da brannte es auch schon, und wir sind nichts wie raus, und das war's ... die ganze Kiste ging in Flammen auf ...«

Der Highway war gut befahren – unaufhörlich befahren, um genau zu sein –, und während wir da standen, kamen weitere Fahrzeuge, und anders als auf manchen Highways in den Staaten hielt fast jeder an, um zu helfen, und so fuhren wir weiter, aber der Ausdruck in den Gesichtern der drei ging mir nicht mehr aus dem Kopf.

Im Osten von Colorado hatte ich mal eine Zeitlang als Freiwilliger im Rettungsdienst gearbeitet. Wir wurden zu Autounfällen und zu Unfällen auf Farmen gerufen, und oft genug war es eine schauerliche Arbeit. Die Autos heute sind nicht sehr robust gebaut und fahren sehr schnell, und immer mehr Menschen sind offenbar mit ihnen überfordert. Die Folge sind immer spektakulärere und schwerere Unfälle – vor allem, wenn die Leute sich nicht anschnallen, was meistens der Fall war. In meiner Zeit als Rettungshelfer konnte ich nachts oft nicht schlafen, und ich habe Unfälle erlebt, von denen ich noch heute Alpträume kriege, besonders wenn Kinder beteiligt waren. Ich habe hemmungslos weinende Polizeibeamte neben Autowracks stehen sehen, und immer hatten die Überlebenden den gleichen bestürzten Blick wie die Familie neben dem ausgebrannten Van.

Den Flüchtlingsblick, wie mal jemand gesagt hat. Menschen, die einmal etwas besessen haben, stehen plötzlich vor dem Nichts. Diesen Blick hatte ich viele Male in vielen Gesichtern gesehen, doch das eine Mal, das mich dazu brachte, meinen Job beim Rettungsdienst an den Nagel zu hängen, sah ich ihn im Gesicht eines jungen Mannes namens Mike Vaughn, der auf einer Ranch arbeitete. Mike verunglückte, als er sich ein langes Bewässerungsrohr aus Aluminium auf die Schulter legen wollte. Er schwang es hoch und kam damit an eine Hochspannungsleitung. Er war auf der Stelle tot, und als wir gut fünfzehn Minuten später mit dem Rettungswagen kamen, konnten wir nichts mehr für ihn tun. Aber seine Frau und seine zwei Kinder waren da, und sie standen da und sahen zu, wie wir versuchten, ihn wiederzubeleben, und wir konnten nicht aufhören, obwohl wir wußten, daß es hoffnungslos war, konnten nicht aufhören, bis über eine Stunde später endlich der Hubschrauber aus Denver eintraf, konnten nicht aufhören, weil wir jedesmal, wenn wir aufschauten, die Ehefrauen sahen und die Kinder, die dastanden und auf ihren Vater blickten.

Später schickte mir die Ehefrau eine kurze Karte, eine liebe Karte, auf der sie mir für unsere Bemühungen dankte, und ich saß da und starrte auf die Zeilen und dachte, wie unerträglich unfair das Leben doch im Grunde ist. In mir stieg wieder die Wut hoch, die ich empfand, als ich Mike dort auf dem Boden liegen sah, Wut auf jeden und niemanden, Wut über diese Verschwendung, Wut auf Gott.

Am selben Abend fuhren wir auf einen der zahllosen kleinen Rastplätze entlang dem Highway. Sie sehen alle gleich aus. Ein Gebäude im Blockhausstil mit einem Café, ein paar neuere Gebäude aus Sperrholz und Farbe, auf die Schnelle hochgezogen, wie es in den fünfziger Jahren üblich war, um den Leuten möglichst rasch das Geld aus der Tasche ziehen zu können. Auf architektonische Schönheit wurde dabei offenbar kein großer Wert gelegt, dafür aber um so mehr auf Funktionalität. Ein Dach, vier Wände, ein oder zwei Fenster und das Ganze in einer merkwürdigen Farbe gestrichen, einer Farbe, die von anderen Anstreicharbeiten übriggeblieben war.

Im Café war eine Frau beschäftigt. Ich erinnere mich nicht mehr an ihren Namen oder ob sie ihn mir überhaupt genannt hat, aber sie gehörte zu der Art von Frauen, die in Cafés kellnern und kochen und bei denen einem der Gedanke kommt, wie wunderbar Frauen doch sein können. Sie war patent, hatte Humor in den Augen und wirkte robust, so daß man gleich wußte, daß sie sich von niemandem mies behandeln lassen würde. Dabei war sie durchaus feminin, um die Vierzig, Single und hübsch, auf eine gepflegte Art, und sie flachste mit Larry herum und dann mit mir – obwohl Larry ihr besser gefiel – und erkundigte sich nach unseren »Rollern«.

Sie sagte, sie sei selbst mal Motorrad gefahren, aber dann sei ihr Typ abgehauen, und sie habe die Kinder großziehen müssen und sei schließlich hier am Highway gelandet. Aber sie vermißte das Motorradfahren, meinte sie, und sie sagte die Wahrheit, denn ein leichter Schleier legte sich über ihre Augen, und sie schaute mit einem echten, sehnsüchtigen Blick durchs Fenster hinaus in den Regen. Es kann natürlich auch sein, daß sie einfach nur raus aus den Wäldern und vom Highway weg wollte. Wir trafen viele Frauen wie sie, die in solchen Cafés arbeiteten, um etwas Geld zu verdienen und dann möglichst schnell das Weite zu suchen.

Larry sagte im Scherz, sie solle doch mit uns kommen, und sie musterte ihn einen Moment lang, dachte ernsthaft darüber nach, und ich dachte, sie tut es, sie kommt mit, und ich war sicher, daß Larry sie bei sich hätte mitfahren lassen. Dann war der Blick verschwunden, und sie schüttelte den Kopf und ging wieder an die Arbeit, und wir aßen zu Ende und gingen in unsere Sperrholzzelle (Motelzimmer), um unsere Bikes zu putzen und sie für den nächsten Tag startbereit zu machen. Während ich so langsam wegdöste, wurde mir klar, daß ich bei der Unterhaltung mit der Frau im Café gar nicht an die Unfälle gedacht hatte. Jetzt kamen die Bilder wieder, und ich fühlte mich eingeengt in dem Raum, nach dem luftigen Tag auf dem Motorrad, und ich konnte nicht einschlafen.

Ich lauschte eine Weile auf Larrys Atemzüge, ging dann nach draußen und schaute in den fahlen Nachthimmel, bis mich etwa vier Millionen Mücken entdeckten und zurück ins Bett trieben. Zu sagen, daß man nur noch draußen im Freien leben möchte, ist eine Sache, es zu tun, eine ganz andere. Vor allem, wenn es draußen von Biestern wimmelt, die nach deinem Blut lechzen.

Auf dem kanadischen Abschnitt des Highways arbeiteten viele Frauen, und es war immer ein ungewohnter Anblick. Auch in den Staaten arbeiten Frauen auf dem Highway, aber sie sind meist dafür zuständig, mit Hilfe von Flaggen die Autofahrer vor Baustellen zu warnen. In Kanada fahren sie Baufahrzeuge, arbeiten mit Schaufeln, steuern Laster mit Schotter, genau wie die Männer. In Kanada schien es das Selbstverständlichste der Welt zu sein – strittiger war vielmehr, was Amerikaner in Kanada tun sollten und was nicht, aber es regte sich keiner darüber auf, daß Frauen in ehemals typischen Männerberufen arbeiteten, und es war erfrischend zu sehen, wie sie sich mit Schaufeln und Planierraupen abrackerten.

Die Diskussion darüber ist natürlich albern. Die Gleichberechtigung von Mann und Frau sollte endlich in der amerikanischen Verfassung festgeschrieben werden. Wenn eine Person für einen Job geeignet ist, sollte sie ihn machen, und zwar unabhängig von ihrem Geschlecht, und für die gleiche Bezahlung – selbst solche Jobs, die der oder die Betreffende nicht machen will.

Alle gesunden Männer in den Vereinigten Staaten können zum Beispiel zu einem achtjährigen Militärdienst verpflichtet werden. Früher setzte sich die Zeit aus zwei Jahren aktivem Dienst und sechs Jahren, in denen man zu Reserveübungen herangezogen werden konnte, zusammen – für den Fall, daß eine eilige Mobilmachung nötig war. Wir hatten keine Wahl. Wir wurden nicht gefragt, ob wir wollten oder nicht, und wir konnten uns nicht aussuchen, welchen Dienst wir in der Armee verrichten würden. Man drückte uns ein Gewehr in die Hand und brachte uns bei, andere Männer zu töten, ob wir wollten oder nicht, und damit war der Fall erledigt. So war das Gesetz. Wer sich weigerte, wanderte für zwei bis zehn Jahre ins Gefängnis, und viele Männer, die gegen ihren Willen zur Armee gingen und dort ihre Pflicht erfüllten, wurden dann in fremde Länder verfrachtet, wo sie zu Hunderttausenden auf unsägliche Weise abgeschlachtet wurden. Solch ein System der Wehrpflicht sollte natürlich für alle Bürgerinnen und Bürger gelten. Ich bekam achtundsiebzig Dollar Sold im Monat, und das für den Zeitraum von drei Jahren, acht Monaten, einundzwanzig Tagen und neun Stunden (John F. Kennedy drückte mir wegen der Kubakrise acht Monate zusätzlich aufs Auge), und ich hätte meinen Job liebend gern jemand anders gegeben.

Ich sah, wie eine junge Frau mit der Hand Schotter in ein

Schlagloch harkte, während ihr ein Mann auf eine Schaufel gestützt dabei zusah und ein weiterer Mann mir mit einer Flagge signalisierte abzubremsen. Ich mußte an einen Freund denken, der bei den Marines war und in Vietnam gekämpft hatte. Als die gesetzliche Gleichberechtigung im amerikanischen Kongreß durchgeboxt werden sollte, die auch Frauen den Dienst an der Waffe ermöglicht, schüttelte er seufzend den Kopf und sagte: »Mir ist das egal, ich glaube bloß nicht, daß ich einer Frau befehlen könnte, die Spitze zu übernehmen, und wenn sie nicht die Spitze übernehmen kann, ist sie einfach nicht gleichberechtigt.« Für diejenigen, die in Infanterietaktiken nicht so bewandert sind: »Die Spitze übernehmen« bedeutet, daß jemand aus einer Infanteriegruppe in die vorderste Position geht und somit beim Kontakt mit dem Feind als erster getroffen wird. Weil diese Position so gefährlich ist, findet ein turnusmäßiger Wechsel statt. Ich habe mit vielen Männern gesprochen, die trotz aller Skepsis der Meinung waren, daß Frauen die Möglichkeit haben sollten, den Dienst an der Waffe zu leisten, wenn sie die Voraussetzungen dafür mitbringen, doch sie alle meinten fast ausnahmslos, sie könnten sich nicht vorstellen, einer Frau den Befehl zu geben, »die Spitze zu übernehmen«. Es wirkte fast wie genetisch vorprogrammiert, als könnten sie einer Frau einfach nicht befehlen zu sterben. Natürlich haben Frauen in Kriegen gekämpft: In der Sowjetunion kämpften sie in der Infanterie und als Jagdfliegerinnen, und zwar nicht schlechter als Männer.

Doch ich denke, vom Gefühl her würde es auch heute noch vielen Männern schwerfallen, einer Frau zu befehlen, in den Tod zu gehen, damit Männer am Leben bleiben können, was im Grunde der springende Punkt bei der Sache ist. Auch darüber könnte ich mit Larry reden, dachte ich, als ich hinter den Schlaglöchern beschleunigte, doch gleich darauf erreichten wir den schlimmsten Teil des Highway, und es hätte mich beinahe erwischt – so schnell, daß ich gar nicht recht mitbekam, was eigentlich passierte.

12

DIE REGELN BEIM FAHREN EINER HARLEY sind sehr einfach und äußerst kompliziert zugleich, und sie variieren je nach Geschwindigkeit, Wetterlage, Windverhältnissen, Straßenbelag sowie danach, mit welchen anderen Verkehrsteilnehmern man es zu tun hat.

Bei geringer Geschwindigkeit beispielsweise, kurz nachdem man aus dem Stand beschleunigt hat, zieht man, um die Maschine nach links zu steuern, links am Lenker, und die Maschine folgt dem Rad. Ab einem gewissen Punkt bei der Beschleunigung fängt die Maschine jedoch an zu schwingen, so daß man *rechts* am Lenker drücken muß, um sie nach links zu steuern. Dieser Punkt variiert von Maschine zu Maschine und läßt sich leicht und rasch erlernen, aber er ist bloß eine von vielen Variablen.

Ebenfalls zu berücksichtigen ist, daß die Maschine bei hoher Geschwindigkeit gemeinhin sehr stabil ist. Das sich rasend schnell drehende Rad wird zu einer Art Kreisel und hält die Maschine starr aufrecht, so daß sie sogar bei einer leichten Kollision – mit einem kleinen Tier oder einem Gegenstand – nicht umkippt. (Allerdings kenne ich einen Mann, der im Dunkeln seitlich gegen eine Kuh geprallt und dabei umgekippt ist. Die Kuh aber auch, wie er sagte.)

Außerdem geht die Maschine in engen Kurven in eine extreme Schräglage, wobei die Reifen an Haftung verlieren.

Falls du aus der Kurve heraus beschleunigst, verlieren die Reifen noch mehr an Haftung, und wenn in der Kurve zusätzlich Staub, Sand oder Schotter auf der Straße liegen, die Straße feucht ist oder einen Ölfleck hat, geht noch mehr Haftung verloren. Und wenn dir genau in dem Moment eine Windböe ins Gesicht bläst, in dem die Reifenhaftung gering ist und du die Geschwindigkeit verringert hast und die Kreiselwirkung nicht mehr besteht und Gott nicht mehr auf deiner Seite ist und du aufblickst und ein Wohnmobil auf dich zukommen siehst …

Na, Sie können es sich vorstellen. Alles, was einmal einfach war, wird sehr schnell sehr kompliziert, und genau das ist mir passiert.

Wir fuhren auf einer langen Geraden, und der Regen hatte etwas nachgelassen. Etwa zweihundert Meter vor mir war – natürlich – ein Wohnmobil. Ich sah in den Rückspiegel, in dem nur Larry hinter mir zu sehen war. Hinten und vorn war alles frei, also gab ich Gas und beschleunigte auf hundertzwanzig, um das Wohnmobil zu überholen und wieder einzuscheren. Ein simpler Überholvorgang, unkompliziert, schließlich war alles frei.

Irgendwann im Winter, als die Straße geräumt wurde, hatte der Schneepflug eine Seite der Schaufel zu weit unten gehabt und eine fünf Zentimeter tiefe Rille in den Straßenbelag gekratzt, die in der Mittellinie anfing und bis auf den (von mir aus gesehen) linken Seitenstreifen verlief, der aus weichem, nassen Boden und dickem Schlamm bestand.

In diese Rille geriet ich genau in dem Moment, als ich eine Geschwindigkeit von hundertzwanzig erreicht hatte und zum Überholen ansetzte, und die Räder rutschten hinein, wie in eine Laufschiene. Ich nahm augenblicklich Gas weg, doch die Rille dirigierte mich so unglaublich schnell vom Highway weg auf den Seitenstreifen und eine sechs Meter tiefe Böschung zu, daß ich nicht mal Zeit hatte, Angst zu kriegen. Im Bruchteil einer Sekunde war ich in der Rille, im nächsten hatte ich keine Kontrolle mehr über die Maschine und steuerte mit über hundertzehn Stundenkilometer auf den Straßenrand zu.

Die Rille verlief keine Handbreit vom Rand des Asphalts, und das Motorrad schoß schwankend in ihr dahin, während ich, wie es mir vorkam, kilometerlang mit wachsendem Entsetzen nach unten starrte. Ich befand mich in einer dieser Situationen, in denen man völlig hilflos ist und nicht so handeln kann, wie man müßte, weil die Maschine dann falsch reagiert. Ich konnte nur nach unten auf das Vorderrad starren, das noch immer mit hundertzehn dahinbrauste, nur wenige Zentimeter vom schlammigen Seitenstreifen entfernt. Da näherte es sich dem Schlamm noch ein ganz klein wenig mehr, und ich verlagerte mein Gewicht und neigte die Maschine zur anderen Seite. Sie kam aus der Rille, und ich überholte das Wohnmobil, und noch Kilometer später zitterte ich, hatte nichts anderes vor meinem geistigen Auge als den Schlamm und meinen Reifen. So kommen Menschen ums Leben, dachte ich. Sie sind absolut nüchtern, und die Sicht ist gut, und die Straße ist trocken, und das Motorrad ist in gutem Zustand, und es kann nichts schiefgehen, und schon fliegen sie in Stücken quer durch die Landschaft.

»Ich dachte, du stirbst.« Larry hatte alles mit angesehen und schüttelte den Kopf, als wir an einer Tankstelle hielten. »Du bist schnurstracks auf die Böschung zu. Ich dachte, du hättest einen Herzinfarkt oder so.«

»In der Straße war eine Rille«, sagte ich. »Ich bin mit dem Rad reingeraten.« Als ob das auch nur den geringsten Unterschied machen würde, dachte ich. In einer Sekunde bist du noch da, in der nächsten nicht mehr. Die Rille war unerheblich, die Straße war unerheblich. Wenn ich eine Sekunde später oder früher zum Überholen angesetzt hätte, wäre ich nicht in die Rille geraten; wenn das Motorrad auch nur einen Zentimeter weiter nach links gekommen wäre, hätte es mich mit hundertzehn Sachen die Böschung runtergezogen und in die Erde gepflügt. »Egal.«

Larry nickte, und wir fuhren weiter und hatten nur noch knapp dreihundert Kilometer bis zur Grenze von Alaska vor uns, und auf diesem Streckenabschnitt sollten wir erfahren, was es mit der wunderbaren Welt von Frosthebungen auf sich hatte.

Es gibt dort eine lange, relativ flache Strecke, wo der Highway durch Tundramoor und eine mit Rottannen bestandene Sumpflandschaft führt. Die Straße ist gerade und das Gelände niedrig, und man fährt nur ab und zu einmal über einen Berg, und als ich über eine Kuppe kam, sah ich, daß sich die Straße kilometerweit flach vor mir erstreckte. Es war das erste Mal nach über anderthalbtausend Kilometern mit Kurven und Serpentinen, daß die Straße einen geraden Verlauf nahm, und als ich ins Flachland kam, arretierte ich das Gas bei hundertdreißig Stundenkilometern, lehnte mich nach hinten gegen den Schlafsack, streckte die Beine, stellte die Füße vorn auf die Fußrasten des Sturzbügels und wollte mich so richtig entspannen.

Mit einem Mal drehte die Welt durch.

Das Motorrad sackte einfach unter mir weg. Eben noch saß ich gemütlich gegen den Schlafsack gelehnt, und im nächsten Augenblick hatte ich keinen Kontakt mehr mit der Maschine – mein Hintern schwebte in der Luft –, und als die Schwerkraft einsetzte und ich wie ein Stein nach unten sauste, kam die Maschine wieder hoch und knallte so fest gegen meinen Allerwertesten, daß mir die Luft wegblieb. Gleichzeitig schlugen die Stoßdämpfer ruckhaft und mit einem knirschenden Geräusch auf, und die ganze Maschine hob sich vom Boden und flog mit hundertdreißig Sachen durch die Luft. Ich hatte gerade noch Zeit, mich zu fragen, was zum Teufel los war, als ich wieder krachend auf dem Highway aufschlug, kurz schlingerte und das Gleichgewicht wiederfand, die Hände noch immer an den Griffen.

Als ich in den Rückspiegel schaute, sah ich gerade noch, wie Larry in das Loch fuhr und vom Boden abhob. Es war eine gewaltige Bodensenke, mindestens einen Meter zwanzig tief und nicht sehr breit, und bei den Lichtverhältnissen hatte nichts auf die Gefahr hingedeutet, rein gar nichts, zu sehen war nur der flache Highway vor uns.

In der Sumpflandschaft friert der Boden seit über fünfzig Jahren jeden Winter steinhart, taut dann im Frühjahr und Sommer auf, gefriert wieder und taut wieder auf. Er dehnt sich aus, wenn er gefriert, zieht sich zusammen, wenn er taut und schiebt die Straße jedesmal hoch und runter. Das Problem ist, daß das kein gleichmäßiger Prozeß ist, und da der Boden sehr flexibel ist, hebt er sich an einer Stelle, senkt sich an einer anderen, und der Highway mit ihm.

Es war ein Alptraum. Die Senken waren einfach nicht zu sehen, doch es gab sie zu Dutzenden, ja Hunderten, und sie waren plötzlich da. Uns blieb nichts anderes übrig, als das Tempo zu drosseln und wenn eine Senke kam, sie ganz langsam zu durchfahren. Plötzlich sah ich vor mir Funken sprühen; ein Wohnmobil war in einer Senke mit der vorderen Stoßstange über den Asphalt geschabt, und im selben Moment fuhr ich selbst in eine Senke, die ich nicht gesehen hatte, weil ich das Wohnmobil beobachtet hatte.

Man konnte es nicht riskieren, auch nur eine Sekunde lang nicht auf die Straße zu achten. Manchmal folgten die Senken in kurzen Abständen, manchmal lagen sie weiter auseinander, aber sie waren unberechenbar, und wenn man einen Moment nicht aufpaßte, mußte man dafür büßen.

13

NACH VIELLEICHT ACHTZIG KILOMETERN auf der Marterstrecke hielten wir an einer kleinen Tankstelle. Wir machten die Motoren aus, tankten, tranken eine Cola und gingen pinkeln, um dann weiterzufahren.

Larrys Maschine wollte nicht anspringen. Sie war absolut tot. Die Zündung ging an, die Lampen gingen an, aber der Anlasser rührte sich nicht.

Wir sahen überall nach, ob sich vielleicht ein Kabel gelöst hatte, konnten aber nichts dergleichen feststellen. Schließlich zuckte Larry die Achseln und sagte: »Ich lasse sie den Hügel runterrollen, und wenn sie anspringt, mache ich sie nicht eher wieder aus, bis wir uns ein Nachtquartier suchen. Ist vermutlich nur eine Kleinigkeit.«

Die Tankstelle lag auf einem kleinen Hügel, und Larry ließ seine Maschine die Steigung hinunterrollen und legte den Gang ein. Sie sprang sofort an und lief die nächsten hundertfünfzig Kilometer anstandslos, bis wir an einem Sperrholzmotel anhielten. Wir aßen zunächst was und sahen uns dann Larrys Maschine an.

Larry nahm den Sitz ab, und wir checkten alles gründlich, bis er ein Kabel mit vier oder fünf Drähten entdeckte, das aussah, als wäre es in der Mitte gerissen und hätte dann irgendwie am Reifen geschleift. Zunächst konnten wir nicht feststellen, womit die Drähte verbunden gewesen waren, entdeckten aber schließlich eine Steckhülse am Motorgehäuse, von der das gleiche Kabel abging, das ebenfalls gerissen war und aussah, als wäre es am Reifen durchgescheuert worden.

Da die Kabelstücke etwa sechzehn Zentimeter zu kurz waren, um bis an den Reifen zu reichen, konnten wir uns keinen Reim darauf machen. Wir hatten Isolierband und Werkzeug dabei, und Larry verband die Kabelenden miteinander. Am nächsten Morgen sprang seine Maschine sofort an, und wir machten uns wieder auf den Weg.

Als wir zwei Stunden später an einer Tankstelle hielten, passierte dasselbe wie am Tag zuvor: Die Maschine sprang nicht an, und als Larry nachsah, war das Kabel an der Verbindungsstelle wieder getrennt und an den Enden zerfasert. Larry reparierte es wieder, doch als wir am Abend an einem Motel angekommen waren, hatten wir wieder den gleichen Schlamassel. Es war lächerlich, unmöglich.

»Ein Gremlin«, sagte er. »Irgendein kleines Monster, das gern Kabel frißt.«

»Übermorgen sind wir in Fairbanks«, sagte ich. »Da gibt es einen Harley-Händler. Vielleicht wissen die ja eine Lösung.«

»Wieso sollten die mehr sehen als wir? Das Kabel wird von irgendwas durchgescheuert, aber es ist nicht lang genug, um an irgendwas dranzukommen, wovon es durchscheuern könnte.«

»Und es hat ganz plötzlich angefangen.«

Er nickte. »Erst auf dem letzten Streckenabschnitt, vorher gab es keine Probleme.«

»Die Frostsenken.«

Aber wir hatten auch vorher schon harte Streckenabschnitte gehabt, und durch die Senken konnte das Kabel ja wohl kaum länger werden. Es war einfach unerklärlich.

Fairbanks bot sich uns ganz allmählich dar. Schon Kilometer vor der Stadt sahen wir Blockhütten und Häuser, und wir fanden mehr oder weniger mitten in der Stadt ein Motel. Unser Zimmer war winzig und lag im Erdgeschoß, und wir mußten die Jalousien mit Klebeband abdichten, weil es spät abends noch so hell war, daß wir nicht schlafen konnten.

Am nächsten Morgen beim Frühstück sah Larry mich an und sagte: »Was nun?«

»Was meinst du?«

»Na ja, wir sind in Alaska. Was nun?«

Ich überlegte kurz und zuckte dann die Achseln. »Was soll's, fahren wir wieder nach Hause.«

Er lächelte und nickte, und die Sache war geritzt. Wir frühstückten zu Ende – wir waren noch keine zehn Stunden in Fairbanks gewesen – und gingen zu unseren Motorrädern. Larry hatte das Kabel an seiner Maschine am Abend zuvor wieder repariert, nachdem das Problem erneut aufgetreten war, und als die Maschinen ansprangen, fuhren wir auf direktem Weg zu der Harley-Vertretung, wo man sehr freundlich zu uns war. Larry kaufte sich ein Harley-T-Shirt – er wollte von jedem Harley-Händler, bei dem wir hielten, ein T-Shirt für seine Sammlung –, doch wie Larry vorausgesagt hatte, konnten auch sie uns nicht helfen, das Problem zu lösen.

Schließlich kam Larry auf der Rückfahrt der Sache auf den Grund. Bei hundertzehn Stundenkilometern trat das Problem wieder auf und löste einen Kurzschluß aus, der den Anlasser in Gang setzte. Ich war knapp dreißig Meter vor ihm und hörte plötzlich über das Geräusch meines Motors hinweg ein entsetzliches Knirschen.

Vor unserer großen Fahrt hatte Larry seine Maschine noch in die Werkstatt gebracht, weil die Firma Harley bestimmte Modelle zurückgerufen hatte, um eine Magnetspule auszutauschen. Als man die Maschine neu verkabelte, wurde das Kabel über eine Metallstrebe unter dem Sitz verlegt. Normalerweise war das kein Problem, doch wenn Larry über eine besonders tiefe Bodensenke fuhr, knallte er mit dem ganzen Gewicht auf den Sitz. Dieser wiederum schlug nach unten auf das Kabel und durchtrennte es; die Kabelenden fielen nach unten und wurden mit Schlamm bespritzt, so daß es aussah, als wären sie am Reifen durchgescheuert. Das Kabel mußte lediglich unter die Metallstrebe geführt werden, statt darüber. Bei dem letzten Malheur wurde allerdings der Anlasser ruiniert, hielt jedoch noch, bis wir zu Hause waren.

Larry mußte in Fairbanks eine Inspektion an seiner Maschine machen lassen, was mehrere Stunden dauern sollte (die Werkstatt hatte erst noch andere Arbeiten zu erledigen), und ich wartete also zunächst mit ihm zusammen.

Doch die Unterkunftssituation war ein Problem. Es gab nur sehr wenige Motels, und es war alles belegt, wenn man nicht schon vor zwei oder drei Uhr nachmittags eintraf. Wir würden erst spät losfahren können, und wenn ich auf Larry wartete, konnte es sein, daß wir auf dem Weg nach Haines Junction nirgendwo mehr ein Zimmer kriegten. Ich beschloß also, vorzufahren, und Larry sollte nachkommen, sobald seine Maschine fertig war. So konnte ich uns schon mal ein Zimmer besorgen und auf ihn warten.

Aber ich wollte noch aus einem anderen Grund los: Ich fühlte mich in Fairbanks unwohl. Es lag weder an der Stadt noch an den Menschen. Alle waren sehr höflich und nett, und wie ich aus meiner Iditarod-Zeit wußte, ist die Gastfreundlichkeit in Alaska einzigartig auf der Welt.

Es gab außerdem einen Grund, den ich zuerst nicht festmachen konnte. Eine innere Unruhe hatte mich ergriffen, ein Unbehagen, weil ich festsaß, weil ich nicht fuhr; ich fühlte mich eingesperrt, gefangen, eingeengt auf eine Weise, die ich zunächst nicht verstand. Ich fühlte mich nur wohl, wenn ich auf dem Motorrad saß und fuhr.

Ich machte mich allein auf den Rückweg, fuhr von Fairbanks aus den Highway hinunter. Zur Abwechslung – und nur für diesen einen Nachmittag – kam die Sonne heraus. Es war ein herrlicher Tag, die Blätter an den Birken warfen grüne Schattensprenkel auf die Straße, es war, als würde ich durch ein impressionistisches Gemälde fahren, und nach knapp hundertdreißig Kilometern begriff ich plötzlich, was mich beunruhigte.

Ich hetzte.

Ich hatte es weiß Gott schon häufig genug erlebt. Ich hatte es bei Wölfen gesehen, wenn sie jagten, und bei Hunden, wenn sie den Schlitten zogen, und in dem gehetzten Blick von Männern und Frauen, wenn sie starben, und ich hätte eigentlich wissen müssen, was mit mir los war.

Ich war auf der Suche – nicht um zu finden, nicht um zu einem Ende zu kommen, sondern um immer wieder neu zu beginnen. Eine Pilgerfahrt, nur um zu suchen, genau das war die Reise für mich geworden – genau das waren die Iditarods gewesen, und eigentlich mein ganzes Leben, obwohl ich es nicht erkannt, nicht verstanden hatte. Und Fairbanks hatte für mich plötzlich irgendwie die Bedeutung eines Endes bekommen, meines Endes. Larry und ich hatten den Alaska Highway mit Harleys befahren wollen. Das hatten wir getan, und jetzt war es vorüber, zumindest die eine Strecke, und ich konnte mich nicht damit abfinden, daß es zu Ende war, konnte nicht ertragen, daß es vorbei war.

Ich konnte es einfach nicht aufhören lassen, und in diesem Moment wußte ich, daß ich losmußte, wieder unterwegs sein, suchen, die Fahrt fortsetzen, bis ans Ende meines Lebens. Wenn ich anhielt, und sei es nur für einen Augenblick, würde »es« mich einholen – was immer »es« auch war –, und ich würde stehenbleiben. Für immer anhalten.

Und so machten wir uns auf den Rückweg: Den Highway entlang, mit seinen üblen Schlammkurven und mit noch mehr Wohnmobilen voller rotgesichtiger Männer und Frauen, die über die Benzinpreise meckerten, aber das Land nicht sahen. Wir begegneten einer Herde Bergziegen, durch die wir uns ganz langsam einen Weg bahnen mußten und die so zahm waren, daß wir sie mit den Füßen beiseite schieben konnten. Wir trafen einen Mountie, wie die berittenen Polizisten in Kanada heißen, der uns einen Strafzettel verpaßte, weil wir zu schnell gefahren waren und Wohnmobile im Überholverbot überholt hatten. Wir sahen Landschaften, die so schön waren, daß es den Augen weh tat, und wir erlebten noch mehr Regen, und schließlich, als wir wieder in den Staaten und Montana und Wyoming waren, einen vollkommenen Harley-Tag.

Wir übernachteten in Cheyenne, Wyoming, gut dreizehnhundert Kilometer von daheim entfernt, und fuhren morgens um vier los, um die Strecke an einem Tag zu schaffen, bei Schneeregen, der uns durch ganz Colorado hindurch begleitete, naß und kalt, bis zum Raton Paß im Norden von New Mexico. Dort kam gegen ein Uhr mittags die Sonne heraus, strahlend und heiß, wie es nur eine Wüstensonne im August sein konnte. Sie kam heraus wie eine alte Freundin, und wir zogen die Regensachen aus und fuhren in T-Shirt und Jeans weiter, und ich lehnte mich zurück, arretierte das Gas auf höchstem Tempo, stellte die Stiefel vorn auf die Fußrasten und ließ die warme Luft durch die Hosenbeine fegen und den Körper und die Knochen wärmen. So legte ich über sechshundert Kilometer zurück – gegen den Schlafsack gelehnt und mit dem warmen Wind von hundertvierzig Stundenkilometern im Gesicht, und ich wußte, daß, was immer auch kommen würde, es nicht enden würde.

Die Fahrt würde niemals enden.

SERIE PIPER

Bettina Selby

Timbuktu!

Eine Frau in Schwarzafrika allein mit dem Fahrrad unterwegs. Aus dem Englischen von Jürg Wahlen. 285 Seiten mit 21 Farbfotos von Bettina Selby. SP 1724

Mit ihrem roten Fahrrad bricht die Autorin auf, um ein Stück Schwarzafrika – von Niamey bis Timbuktu – zu erkunden: vorbei an Lehmhütten und Reisfeldern, durch die Wüste und durch den Urwald, immer entlang dem Niger. Auf ihrem abenteuerlichen und strapaziösen Weg, den sie mit erfrischender Selbstironie schildert, erlebt sie Menschen und Landschaft in einer Unmittelbarkeit, wie sie nur die Reisegeschwindigkeit des Fahrrads erlaubt. Sie stößt auf verloren geglaubte Kulturen und liefert Momentaufnahmen einer fernen Welt, die vom Untergang bedroht ist.

Ah Agala!

Mit dem Fahrrad durch Afrika. Aus dem Englischen von Jürg Wahlen. 338 Seiten mit 19 farbigen Abbildungen und 4 Karten. SP 1257

Was für Ideen hat man in der Ägyptischen Abteilung des Britischen Museums? Natürlich – eine Radtour durch Afrika. Zugegeben, daran denkt nicht jeder als erstes, aber so begann tatsächlich Bettina Selbys Tour durch die Wüste. Auf den Spuren der großen Afrikaforscher wollte die Britin am Nil entlangfahren, eine Strecke von 7000 Kilometern: durch den Sudan, an den Seen im Ostafrikanischen Graben vorbei, über das geheimnisvolle Mondgebirge bis zur Quelle des Nil mitten in Uganda. Die Reisevorbereitungen dauerten über ein Jahr, in denen sie unter anderem als Fahrradkurier jobbte, um ihre Kondition zu verbessern. Dann geht es los: Ausgerüstet mit einem Spezialfahrrad, einer kleinen Apotheke, Trinkwasserfilter und einem Antihundespray tritt sie fünf Monate lang in die Pedale. Ihre Erlebnisse schrieb sie auf in einem spannenden, selbstironischen, nicht nur für Fahrrad-Begeisterte lesenswerten Buch: Sie erzählt von den Begegnungen mit Einheimischen, von den Bürgerkriegen im Sudan und in Uganda, vom Kampf gegen Hitze und Regen, von Fahrten durch Wüsten und Dschungel.

Gary Paulsen

Iditarod

Das härteste Hundeschlittenrennen der Welt. Aus dem Amerikanischen von Brigitte Jakobeit. 255 Seiten mit zehn Farbfotos. SP 2910

»Der helle Wahnsinn!« – das bekommt Greenhorn Gary Paulsen zu hören, als er beschließt, am Iditarod teilzunehmen, dem härtesten Hundeschlittenrennen der Welt. Die Strecke führt quer durch Alaska, von Anchorage nach Nome: zweitausend Kilometer durch Eis und Schnee, über menschenleere Ebenen und durch dichte Wälder. Siebzehn Tage jagt Gary Paulsen mit seinen fünfzehn Hunden durch die oft mondähnliche Landschaft, übersteht blutige Auseinandersetzungen im Hundegespann, Schneeblindheit, lebensgefährliche Zusammenstöße mit Elchen, Schlaflosigkeit und Halluzinationen – und erreicht schließlich das Ziel. Die wunderbar lakonische Sprache Gary Paulsens, sein Humor, seine grandiosen Naturschilderungen und die bewegende Beschreibung seiner Liebe zu den Hunden machen das Buch zu einem einzigartigen Leseerlebnis.

Reinhold Messner

Die Freiheit, aufzubrechen, wohin ich will

Ein Bergsteigerleben. 396 Seiten mit farbigen und Schwarzweiß-Abbildungen. SP 1362

Vom Südtiroler Dorfbuben zum berühmtesten Bergsteiger aller Zeiten: der Bericht eines ungewöhnlichen Lebens, der nicht nur von der Erstersteigung des Mount Everest ohne künstlichen Sauerstoff erzählt, sondern auch von den Niederlagen, Krisen und Selbstzweifeln handelt.

13 Spiegel meiner Seele

320 Seiten mit 56 Farbfotos und 14 Karten. SP 2646

Mit diesem Buch zeigt uns Reinhold Messner die andere Seite seines Wesens, jene Seite, die bisher allzu oft hinter den Sensationen seiner Abenteuer verborgen bliebt: seine selbstverordnete Einsamkeit, seine Flucht in die Arbeit und in die Tröstlichkeit von Wüstensand, Eis und Schnee. In keinem seiner Bücher hat Messner einen so tiefen Blick in sein Innerstes tun lassen wie in diesen Geschichten, die seine Seele spiegeln.